BEI GRIN MACHT SI
WISSEN BEZAHLT

- Wir veröffentlichen Ihre Hausarbeit,
  Bachelor- und Masterarbeit

- Ihr eigenes eBook und Buch -
  weltweit in allen wichtigen Shops

- Verdienen Sie an jedem Verkauf

Jetzt bei www.GRIN.com hochladen
und kostenlos publizieren

G R I N

Bibliografische Information der Deutschen Nationalbibliothek:

Die Deutsche Bibliothek verzeichnet diese Publikation in der Deutschen National-bibliografie; detaillierte bibliografische Daten sind im Internet über http://dnb.d-nb.de/ abrufbar.

Dieses Werk sowie alle darin enthaltenen einzelnen Beiträge und Abbildungen sind urheberrechtlich geschützt. Jede Verwertung, die nicht ausdrücklich vom Urheberrechtsschutz zugelassen ist, bedarf der vorherigen Zustimmung des Verlages. Das gilt insbesondere für Vervielfältigungen, Bearbeitungen, Übersetzungen, Mikroverfilmungen, Auswertungen durch Datenbanken und für die Einspeicherung und Verarbeitung in elektronische Systeme. Alle Rechte, auch die des auszugsweisen Nachdrucks, der fotomechanischen Wiedergabe (einschließlich Mikrokopie) sowie der Auswertung durch Datenbanken oder ähnliche Einrichtungen, vorbehalten.

Impressum:

Copyright © 2017 GRIN Verlag
Druck und Bindung: Books on Demand GmbH, Norderstedt Germany
ISBN: 9783668612549

Dieses Buch bei GRIN:

https://www.grin.com/document/387291

Carl Johann Komp

Unternehmensführung (Corporate Governance) in China. Merkmale, Besonderheiten und Entwicklungsperspektiven

GRIN Verlag

GRIN - Your knowledge has value

Der GRIN Verlag publiziert seit 1998 wissenschaftliche Arbeiten von Studenten, Hochschullehrern und anderen Akademikern als eBook und gedrucktes Buch. Die Verlagswebsite www.grin.com ist die ideale Plattform zur Veröffentlichung von Hausarbeiten, Abschlussarbeiten, wissenschaftlichen Aufsätzen, Dissertationen und Fachbüchern.

Besuchen Sie uns im Internet:

http://www.grin.com/

http://www.facebook.com/grincom

http://www.twitter.com/grin_com

Masterarbeit

Internationale Hochschule Bad Honnef · Bonn Fernstudium

Studiengang: Master (M.A.) General Management

Corporate Governance in China – Merkmale, Besonderheiten und

Entwicklungsperspektiven

Carl Johann Komp

Abgabedatum: 07.11.2017

I. Inhaltsverzeichnis

II. Abkürzungsverzeichnis

Bzw:	Beziehungsweise
CEO:	Chief Executive Officer
CG:	Corporate Governance
CGK:	Chinesischer Corporate Governance-Kodex
CSRC:	China Securities Regulatory Commission (Chinesische Wertpapieraufsichtskommission)
OECD:	Organisation for Economic Cooperation and Development (Organisation für wirtschaftliche Zusammenarbeit und Entwicklung)
u.a.:	Unter anderem
VR China:	Volksrepublik China
z.B.:	Zum Beispiel

III. Abbildungsverzeichnis

1. Einleitung

Die vorliegende Arbeit mit dem Titel "Corporate Governance in China – Merkmale, Besonderheiten und Entwicklungsperspektiven" untersucht die Bestimmungs- und Einflussfaktoren zu den Grundsätzen der Unternehmensführung (Corporate Governance) vor dem spezifischen wirtschaftspolitischen Hintergrund der Volksrepublik China. Die Zielvorstellung ist, chinesische Entwicklungslinien der Corporate Governance nachzuzeichnen, zu definieren und im Kontext internationaler Corporate Governance-Syteme kritisch zu beleuchten.

In diesem Zusammenhang wird zunächst auf das ungemein weitläufige Thema der Corporate Governance im Allgemeinen eingegangen: Kapitel zwei der Arbeit wird sich somit im Grundlagenteil auf Determinanten der (internationalen) Corporate Governance-Interpretationen beziehen. Diese Bestimmungsfaktoren beinhalten zunächst begriffliche, definitorische und geschichtliche Komponenten. Die Beschreibung der begrifflichen und historischen Entwicklung und ihre differenzierte Auslegung in der (Unternehmens-) Praxis unterstützt den Leser dabei vertiefte Bewertungen der Corporate Governance zu erlangen und diese im Verlauf der Arbeit besser einzuordnen.

Die theoretischen Erklärungsansätze zur Corporate Governance bilden in Kapitel drei ein Fundament zum Verständnis komplexer Zusammenhänge im Bereich von wirtschaftlichen Austauschbeziehungen, die zwischen verschiedenen Stakeholdern stattfinden. Die Leitung und Überwachung im Rahmen der Corporate Governance wird durch das Zusammenwirken von unterschiedlichen Anspruchsgruppen erläutert. Die wichtigsten Ansätze hierzu sind der Prinzipal-Agenten-Ansatz, die Property-Rights-Theorie, der Stewardship-Ansatz und die Stakeholder-Theorie, flankiert durch die Themenfelder der internen und externen Corporate Governance-Mechanismen. Diese Kontrollmechanismen werden in der Folge durch disziplinarische Sanktionsandrohungen oder positive Gewinnanreize beschrieben. Die Leitung und Überwachung in Form von CG-Systemen skizziert in Kapitel fünf die konkrete Ausprägung der monistischen und dualistischen Unternehmenskontroll-Modelle und bildet damit die vorangestellten Ausführungen zu dem Themenkomplex der Corporate Governance ab. Der Überwachungsbegriff als prozessualer Vorgang reflektiert und vereint zum Abschluss dieses Kapitels die wichtigsten Erkenntnisse zu diesem Forschungsfeld.

Die Erkenntnisse aus den oben beschriebenen Grundverläufen allgemeiner Art werden ab Kapitel sechs mit Blick auf das Corporate Governance-System in China hin untersucht. Das chinesische System kennzeichnet dabei aus wirtschaftspolitischer und historischer Perspektive betrachtet differente Entwicklungszusammenhänge, die mithilfe der Beschreibung und Analyse der wichtigsten Merkmale untersucht werden sollen. Der Schwerpunkt dieses Abschnitts liegt in der Betrachtung der Wirtschaftsgeschichte ab dem Jahre 1949 und der Charakteristik der Wirtschaftsstruktur in der VR China. Die Abhandlung der rechtlichen Grundlagen der Corporate Governance-Bewegung entspricht hier der praxisnahen Beschreibung des Gesellschaftsgesetzes, der chinesischen Wertpapieraufsichtskommission und der Analyse des chinesischen Corporate Governance-Kodex. Während Abschnitt acht die wichtigsten internen und externen Corporate Governance-Mechanismen des chinesischen Systems hervorhebt, bildet das darauffolgende Kapitel mögliche Konturen des chinesischen Corporate Governance-Systems ab und würdigt diese kritisch. Das Fazit stellt die erlangten Ergebnisse dieser Arbeit dar und reflektiert zukünftige mögliche Charakteristika der Corporate Governance-Bewegung in China.

2. Grundlegendes zu Corporate Governance

Die Diskussion um Corporate Governance (im Folgenden auch CG) hat in den letzten Jahren verstärkt den Eingang zur Öffentlichkeit gefunden. Zusammenbrüche von internationalen Aktienmärkten, Bilanzskandale und Unternehmenskrisen haben aufgezeigt, dass das Vertrauen in die gegenwärtige Unternehmensverfassung der Publikumsaktiengesellschaften zerüttet ist (Schauenberg et al. 2005, S. 334). Dieses Kapitel dient einer ersten begrifflichen und definitorischen Annäherung an das Thema der Corporate Governance, weil der Begriff in der Literatur uneinheitlich verstanden und definiert wird. Der historische Zugang zu diesem Themenkomplex bedarf einer Skizzierung der wichtigsten Werke und Meilensteine. Die im Fokus stehenden Anspruchsgruppen im Bereich der CG werden abschließend nach ihrer Wichtigkeit geordnet und wiedergegeben.

2.1 Begriffliche und definitorische Eingrenzung der Corporate Governance

Der Begriff "Corporate Governance" ist in begrifflicher, geschichtlicher und sprachlicher Hinsicht uneinheitlich definiert und beschrieben. Er muss vielmehr in einem standortpolitischen Kontext gesehen und bewertet werden, weil dieser durch wirtschafts-und kulturpoltische Faktoren beeinflusst wird. Der Begriff wird hier zunächst aus der anglo-amerikanischen Sichtweise interpretiert, weil die Ursprünge dieser Thematik dort anzusiedeln sind. Gerum sagt treffend:

"Corporate Governance wird dominant als reines Organisations-oder Kontrollproblem thematisiert. Insofern ist die angloamerikanische Interpretation des Schlüsselbegriffs "Corporate Governance" in der empirischen Forschung wirkungsmächtig" (Gerum 2007, S. 20).

Die Begriffsherkunft der "Corporate Governance" fußt auf zwei voneinander getrennten Begriffen: Corporate und Governance. Der englischsprachige und der anglo-amerikanischen Herkunft zuzuordnende Begriff, der zu einem immer wichtigeren Teil des globalisierten Wirtschaftsgeschehens geworden ist, kann mithilfe eines Wörterbuchs nicht umfassend und definitionswürdig ins deutsche übersetzt werden.

Eine zusammenhängende Begriffsklärung der Corporate Governance sollte an dieser Stelle zwingend angebracht sein, weil ein erheblicher Teil der CG-Diskussion, vor allem der Definition dieser, in der Literatur oftmals nur am Rande Erwähnung findet und dem Begriff somit Tendenzen einer „Modeerscheinung" anhaften. Weiterhin fußen vereinzelte Publikationen zum Thema Corporate Govenance auf uneinheitlichen Bewertungen, die dem theoretischen Hintergrund der CG zu wenig Beachtung schenken (Grothe 2006, S. 13). Kreitmeier behauptet im Bezug auf die Begriffsauffasungen in der Literatur zutreffend:

"Natürlich bestimmt das jeweilige Erkenntnisinteresse des einzelnen Autors, was unter "Corporate Governance" im Einzelnen zu verstehen ist" (Kreitmeier 2001, S. 12).

Heruntergebrochen auf den Grundkonsens dieser Diskussion hat sich seiner Meinung nach folgende Definition von CG herauskristallisiert:

"Auf den kleinsten gemeinsamen Nenner gebracht, geht es damit in der Corporate Governance-Diskussion vorrangig um die Frage, wie sichergestellt werden kann, dass das Management einer Unternehmung im Interesse der Eigentümer handelt" (Kreitmeier 2001, S. 1).

Der aus dem angloamerikanischen stammende Begriff "Corporate Governance", der standortspezifisch dort aktionärsorientiert beschrieben werden kann, wird von Shleifer und Vishny folgend beschrieben:

"Corporate Governance deals with the ways in which suppliers of finance to corporations assure themselves of getting a return of their investments. How do the suppliers get managers to return some of the profits to them? How do they make sure that managers do not steal the capital or invest in bad projects? How do suppliers of finance control managers?" (Shleifer/Vishny 1997, S. 737).

Das folgende Schaubild verdeutlicht die bereits erörterten zusammenhängenden Bereiche der CG und stellt grafisch vereinfacht den Umfang von CG dar:

Aufsicht und
Sorgfalt

Corporate
(Social)
Responsibility

Gewalten-
teilung

**Corporate
Governance**

Generierung
von Vertrauen

Transparenz

Management
von Interessen

Reduzierung
von Interessen-
konflikten

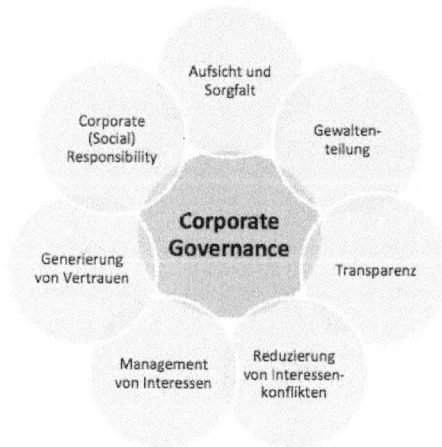

Abb. 1: Bereiche der Corporate Governance

(Schweickert/Jantz 2012, S. 9)

Die Grafik kann folgend erläutert werden: Im Mittelpunkt steht das Konzept der CG, das von unterschiedlichen Bereichen tangiert und beeinflusst wird. Ein Grundanliegen im Bereich der Corporate Governance ist es, Vertrauen und Transparenz gegenüber Anspruchsgruppen zu generieren, dass vom Unternehmen heraus gefördert werden muss. Ein Unternehmen an sich kann jedoch kein Vertrauen bzw. Transparenz fördern, so dass die angestellten Mitarbeiter im (Top)- Management dafür eintreten müssen. Die Komponente der Aufsicht und Sorgfalt steht in diesem Kontext für eine verantwortungsvolle Unternehmensführungskontrolle. Die angestellten Manager von Unternehmen sollten im Bereich der Corporate Governance ein Management von unterschiedlichen Interessen vertreten. Die Interessen sind in diesem Falle vielfältig zu verstehen und beschränken sich nicht nur auf die Bedürfnisse der Anteilseigner oder der Mitarbeiter. Vielmehr sind die Interessengruppen und deren jeweiligen Interessen zersplittert und different. Ziel ist, diese Interessen zu fokussieren und im Handeln der Verantwortlichen zu berücksichtigen. Das Management von Interessen ist in diesem Kontext als Versuch der Reduzierung von Interessenkonflikten zu verstehen. Die aufgeführten Verantwortlichkeitsbereiche werden durch die Gewaltenteilung umrahmt, sichergestellt und überwacht. Gründe für das Einschreiten des Staates liegen in mehreren Unternehmenskrisen, die in der Vergangenheit durch falsche und unmoralische Handlungen von Managern ausgelöst wurden.

Eine grenzüberschreitende und damit internationalere Deutung des Begriffs führt die "Organisation für wirtschaftliche Zusammenarbeit und Entwicklung" (OECD) auf und beschreibt den Begriff Corporate Governance in seinen "G20/OECD-Grundsätzen der Corporate Governance" 2015 so:

"Gegenstand der Corporate Governance ist das Geflecht der Beziehungen zwischen der Geschäftsführung eines Unternehmens, seinem Aufsichtsorgan (Board), seinen Aktionären und den anderen Unternehmensbeteiligten (Stakeholdern). Die Corporate Governance liefert zudem den strukturellen Rahmen für die Festlegung der Unternehmensziele, die Identifizierung der Mittel und Wege zu ihrer Umsetzung und die Modalitäten der Erfolgskontrolle" (OECD 2015, S. 9).

2.2 Ursprung und geschichtliche Entwicklung der Corporate Governance

Das Thema Unternehmensführung- und Kontrolle im Allgemeinen und Corporate Governance im Speziellen kann auf eine relativ lange und beachtliche Historie zurückblicken. Ein Ausgangspunkt der Debatte um CG kann in Adam Smith gesehen werden, der bereits 1776 erste Ausprägungen in Bezug auf CG offenlegte, obwohl die Diskussion um Corporate Governance, wie wir sie im heutigen Kontext verstehen zu versuchen, noch nicht vorhanden war. Müller fügt hier zutreffend hinzu, dass Smith bereits 1776 das Grundproblem der Corporate Governance entschlüsselte:

"Das Vorliegen eines Konfliktes zwischen den Interessen der Geschäftsführer eines Unternehmens einerseits und den Interessen der Eigentümern dieser Unternehmen andererseits. Er bezweifelt, dass die Geschäftsführer mit dem Geld der Eigentümer genauso sorgsam umgehen, wie mit ihrem eigenen Geld" (Müller 2005, S. 64).

Es ist offensichtlich, dass die Themen Überwachung und Kontrolle der Manager durch die Eigentümer bereits im 18. Jahrhundert als "Kernproblem" gesehen wurden. Diese Sichtweise wurde in den folgenden Jahrhunderten beibehalten und fokussiert. So ist es auch nicht verwunderlich, dass das Problem der Kontrolle und Überwachung in Unternehmen weiter erforscht und spezifiziert wurde. Hinweise darauf können in den Ausführungen von Berle und Means gefunden werden, die 1932 in den USA einen weiteren historischen Meilenstein der Geschichte der CG in Form ihres Werkes "The Modern Corporation and private Property" veröffentlichten. Der Ausgangspunkt dieser

Feststellungen durch Berle und Means lag in der Untersuchung des Bereiches der Trennung von Eigentum und Kontrolle in US-amerikanischen Staatsunternehmen. Die Autoren erforschten die Aktienbesitz-Verhältnisse der Anteilseigner und stellten fest, dass kein einzelner Aktionär mehr als 1% Anteilsbesitz an einem der drei größten Unternehmen der USA besaß. Im Umkehrschluss führten diese Resultate zum eigentlichen Anliegen Berle und Means:

"Der Zustand des Streubesitzes verhinderte jegliche effektive Einflussnahme der Anteilseigner in der Gesellschaft und hatte eine Machtkumulation beim Management der public corporation zur Folge. Das Ergebnis war die faktische Trennung von Eigentum und Kontrolle in der public corporation" (Schmidt 2001, S. 20-21).

156 Jahre nach dem Beginn des Ursprungs der "CG-Diskussion" durch Smith, lieferte das Werk somit Hinweise darauf, dass zwischen Prinzipal und Agent Konflikte bestehen können, die im Bereich von Eigentum und Verfügungsgewalt über dieses angesiedelt sind :

"Berle und Means sprechen in ihrem Buch in diesem Zusammenhang zum ersten Mal von einem Konflikt zwischen Prinzipalen und Agenten. Der Prinzipal als Eigentümer und der Agent als Geschäftsführer, der nur sehr schwer vom Eigentümer kontrolliert werden kann" (Müller 2005, S. 64).

Ein weiterhin wichtiges Autorenpaar in der Historie der vielseitig beeinflussten Theorie der CG ist Jensen und Meckling. Eine Schlüsselkomponente ihres Modells liegt darin begründet, dass das Management eigennutzmaximierend handelt, sofern es nicht überwacht wird. Die Überwachung jedoch erzeugt für die Prinzipale Agenten-Kosten (Müller 2005, S. 65).

Jensen und Meckling erklären die in diesem Zusammenhang so wichtigen Agenten-Kosten wie folgt:

"We define an agency relationship as a contract under which one or more persons (the principal(s)) engage another person (the agent) to perform some service on their behalf which involves delegating some decision making authority to the agent. If both parties to the relationship are utility maximizers, there is good reason to believe that the agent will not always act in the best interests of the principal. The principal can limit divergences from his

7

interest by establishing appropriate incentives for the agent and by incurring monitoring costs designed to limit the aberrant activities of the agent. In addition in some situations it will pay the agent to expend resources (bonding costs) to guarantee that he will not take certain actions which would harm the principal or to ensure that the principal will be compensated if he does take such actions. However, it is generally impossible for the principal or the agent at zero cost to ensure that the agent will make optimal decisions from the principal's viewpoint. In most agency relationships the principal and the agent will incur positive monitoring and bonding costs (non-pecuniary as well as pecuniary), and in addition there will be some divergence between the agent's decisions and those decisions which would maximize the welfare of the principal" (Jensen und Meckling 1976, S. 6).

Corporate Governance-Kodizes stellen eine weitere Besonderheit des geschichtlichen Entwicklungspfades der Corporate Governance dar. Ausgehend vom anglo-amerikanischen Raum hat die Kodex-Bewegung in den letzten 25 Jahren enormen Auftrieb bekommen (Guserl/Pernsteiner 2004, S. 35). Ein Corporate Governance-Kodex fällt in den Bereich des "Soft Laws" und ist im Umkehrschluss eine auf freiwilliger und nichtstaatlicher Basis festgelegte Selbstregulierungsmaßnahme. Diese in unterschiedlichen Staaten angewandten Kodizes beeinhalten Regeln (Verhaltensmaßstäbe) von Kapitalmarktteilnehmern und basieren auf dem Gesellschafts- und Kapitalmarktrecht des jeweiligen Landes. Ein Charakteristikum der Kodizes sind die sogenannten Empfehlungen nach dem "Comply or Explain-Prinzip". Dieses Prinzip beruht auf der Annahme, dass ein Abweichen von Regeln eine Offenlegung des Grundes dafür mit sich zieht. Die Offenlegung von Abweichungen der Unternehmen stellt das Investoreninteresse, vor dem Hintergrund einer notwendigen Transparenz, in den Mittelpunkt der Betrachtung (Gueserl/Pernsteiner 2004, S. 36-37). Das Comply or Explain-Prinzip dient der Flexibilisierung des CG-Systems und erlaubt es den Unternehmen nach entsprechender Kosten-Nutzen-Relation diesen Empfehlungen zu entsprechen oder diesen nicht zu folgen:

"Natürlich hat das börsennotierte Unternehmen eine entsprechende Kosten-Nutzen-Abwägung vorzunehmen. Den Erleichterungen, die ein Abweichen von den Kodex-Bestimmungen etwa aus Gründen der Unternehmensbranche, der Unternehmensgröße oder der Eigentümerstruktur mit sich bringt, ist die vorraussichtliche Beurteilung die-

ses Nicht-Einhaltens von "Best Practice" – Regeln durch die Investoren gegenüberzustellen. Entscheidend wird dabei auch die Qualität der Begründung von Kodexabweichungen sein" (Guserl/Pernsteiner 2004, S. 37).

Corporate Governance-Kodizes werden mittlerweile in vielen Staaten der Welt angewandt. Als Beispiele gelten hier Großbritannien, Frankreich, Belgien, die Niederlande, Italien, Deutschland, Japan, Hong Kong und China (Siems 2005, S. 68). Namentlich stechen die "OECD Principles of Corporate Governance" hervor, die als eine Form internationaler Übereinkunft von Corporate Governance-Systemen verstanden werden können. Die OECD-Grundsätze sind im Jahre 1999 von den 29 Mitgliedsstaaten verabschiedet worden (Guserl/Pernsteiner 2004, S. 39).

Die OECD beschreibt diese Grundsätze nach folgenden Maßstäben:

"Die OECD-Grundsätze der Corporate Governance wurden 1999 vom Rat der OECD auf Ministerebene gebilligt und sind seitdem zu einer internationalen Richtschnur für politische Entscheidungsträger, Investoren, Unternehmen und sonstige interessierte Gruppen in aller Welt geworden. Sie haben die Corporate-Goverance Agenda vorangebracht und liefern präzise Orientierungshilfen für Gesetzes- und Regulierungsinitiativen in OECD-Mitglieds- wie auch Nichtmitgliedsländern" (OECD 2004, S. 3).

Die OECD-Grundsätze der Corporate Governance beruhen auf diesen nachstehenden Regelungen:

1) "Sicherung der Grundlagen eines effektiven Corporate Governance-Rahmens"

2) "Aktionärsrechte und Schlüsselfunktionen der Kapitaleigner"

3) "Gleichbehandlung der Aktionäre"

4) "Rolle der verschiedenen Unternehmensbeteiligten (Stakeholder) bei der Corporate Governance"

5) "Offenlegung und Transparenz"

6) "Pflichten des Aufsichtsorgans (Board)" (OECD 2004, S. 7).

2.3 Die im Fokus stehenden Stakeholder

Die Frage nach den im Lichte der CG fokussierten Stakeholder bzw. Interessengruppen ist eine ebenfalls wichtige aber auch strittige, weil hier die Auswirkungen von Unternehmenshandlungen auf die verschiedenen Stakeholder der Unternehmen aus mehreren Blickwinkeln, wie z.B aus Sicht der Arbeitnehmer, des Staats oder Anteilseignern betrachtet werden müssen. Diese Frage zielt letztlich auf die Beantwortung, wer von Unternehmensentscheidungen betroffen ist, in welcher Weise und wie die Interessen der Stakeholder angemessen gewahrt werden können.

Witt sagt hier folgerichtig:

"Um real existierende Corporate Governance-Strukturen zu verstehen und normativ geeig-nete Governance-Strukturen für Unternehmen ableiten zu können, müssen die am Unter-nehmen beteiligten Interessengruppen und ihre Ziele genauer untersucht werden" (Witt 2003, S. 6).

Die folgende Abbildung zeigt die Auflistung von internen und externen Anspruchsgruppen mitsamt ihren jeweiligen Interessen bzw. Zielen:

Anspruchsgruppen

Anspruchsgruppen		Interessen (Ziele)
Interne Anspruchsgruppen	**1. Eigentümer** • Kapitaleigentümer • Eigentümer-Unternehmer **2. Management** (Manager-Unternehmer)	– Einkommen/Gewinn – Erhaltung, Verzinsung und Wertsteigerung des investierten Kapitals – Selbstständigkeit/Entscheidungsautonomie – Macht, Einfluss, Prestige – Entfaltung eigener Ideen und Fähigkeiten, Arbeit = Lebensinhalt
	3. Mitarbeiter	– Einkommen (Arbeitsplatz) – soziale Sicherheit – sinnvolle Betätigung, Entfaltung der eigenen Fähigkeiten – zwischenmenschliche Kontakte (Gruppenzugehörigkeit) – Status, Anerkennung, Prestige (ego-needs)
Externe Anspruchsgruppen	**4. Fremdkapitalgeber**	– sichere Kapitalanlage – befriedigende Verzinsung – Vermögenszuwachs
	5. Lieferanten	– stabile Liefermöglichkeiten – günstige Konditionen – Zahlungsfähigkeit der Abnehmer
	6. Kunden	– qualitativ und quantitativ befriedigende Marktleistung zu günstigen Preisen – Service, günstige Konditionen usw.
	7. Konkurrenz	– Einhaltung fairer Grundsätze und Spielregeln der Marktkonkurrenz – Kooperation auf branchenpolitischer Ebene
	8. Staat und Gesellschaft • lokale und nationale Behörden • ausländische und internationale Organisationen • Verbände und Interessenlobbies aller Art • politische Parteien • Bürgerinitiativen • allgemeine Öffentlichkeit	– Steuern – Sicherung der Arbeitsplätze – Sozialleistungen – positive Beiträge an die Infrastruktur – Einhalten von Rechtsvorschriften und Normen – Teilnahme an der politischen Willensbildung – Beiträge an kulturelle, wissenschaftliche und Bildungsinstitutionen – Erhaltung einer lebenswerten Umwelt

Abb. 2: Anspruchsgruppen von Unternehmen
(Gabler Wirtschaftslexikon o.J., o.S.).

Die Auflistung dieser acht Stakeholder könnte noch weiter geführt werden, da oftmals eine unüberschaubare Anzahl an Interessengruppen direkt oder indirekt am Unternehmen beteiligt sind. Besonders hervorzuheben sind nach anglo-amerikanischem Verständnis von Corporate Governance die Eigentümer und das Management. Der Stakeholder, der im Bezug auf Corporate Governance in der Literatur und in der Praxis am häufigsten genannt wird, ist der Anteilseigner (Eigentümer) bzw. der Shareholder. Der Anteilseigner nimmt eine Sonderrolle ein, da er mit seinem Kapital in Unternehmen investiert und an einer Verzinsung oder einer Dividende interessiert ist und somit direkt von wirtschaftlichen Entscheidungen des Managements betroffen sein kann. Anteilseigner stehen mit ihrem Kapital dem Unternehmen zur Verfügung, haben jedoch keine festen vertraglich geregelten Rückzahlungs-oder Verzinsungsansprüche (Witt 2003, S. 6).

Die Interessen des Managements wiederum können, müssen aber nicht den Zielvorstellungen der Anteilseigner entsprechen. Ziele des Managements können pekuniärer Natur sein oder aber auch an Macht, Einfluss und Prestige ausgerichtet sein. Hausammann beurteilt den Einfluss des Managements in der Art, dass das Management mit ihrem Verhalten im Voraus ökonomische Entwicklungen in Gang setzt, die einschneidende soziale und gesellschaftspolitische Folgen haben können (Hausammann 2007, S.19). Die Mitarbeiter dagegen suchen oft nach Sicherheit in Form eines Einkommens, nach sozialer Sicherheit und einer sinnvollen Tätigkeit. Die Eigentümer, das Management und die Mitarbeiter zählen in dieser Auflistung zu den internen Anspruchsgruppen, weil sie innerhalb des Unternehmens agieren und interne Verbindungen aufweisen.

Die Relevanz externer Anspruchsgruppen zeigt sich in Form von Fremdkapitalgebern, Lieferanten, Kunden, der Konkurrenz, dem Staat und der Gesellschaft. Das Vorhandensein der jeweiligen Einzelziele dieser Gruppen erschwert es den Unternehmen gezielt alle Stakeholder zufriedenzustellen. Banken sind bei der Kreditvergabe an Unternehmen in erster Linie an Verzinsung und Vermögenszuwachs interessiert und sichern dies durch Verträge mit den Unternehmen ab. Der Staat und die Gesellschaft können standortspezifisch ebenfalls einen nicht unerheblichen Anspruch erheben. Diese Ansprüche können beispielsweise pekuniärer, in Form von Steuern, oder aber auch sozialer Art in Form von Sicherung der Arbeitsplätze sein.

3. Corporate Governance-Ansätze

Die hier vorgestellten Erklärungsansätze erweitern die Perspektiven und Blickwinkel rund um das Thema der Corporate Governance-Forschung und bieten Lösungsversuche die Komplexität dieser Transaktionen verständlicher zu machen und zu verringern. Ein Hauptaugenmerk wird zunächst auf die Prinzipal-Agenten- und Property-Rights-Theorie gelegt, weil diese die bekanntesten Modelle im Rahmen von Corporate Governance darstellen. Diese beiden Theorien sind in das Theoriegebäude der "Neuen Institutionenökonomik" einzubetten und fragen nach dem Entscheidungsverhalten von Wirtschaftssubjekten mithilfe gesetzlicher und vertraglicher Regelungen. Ziel ist es das Entscheidungsverhalten der beteiligten Stakeholder effizient anzupassen. Die Institutionenökonomik, insbesondere die Prinzipal-Agenten-Theorie bilden den dominierenden Ansatz innerhalb der Corporate Governance (Schauenberg et al. 2005, S. 334).

Die Institutionenökonomik ist aus der Kritik an der neoklassischen Theorie entstanden und beschäftigt sich vornehmlich um Konflikte, die das ökonomische Geschehen zwischen Wirtschaftssubjekten behandeln. Die Vertreter der Institutionenökonomik sehen in den Wirtschaftsakteuren Individuen mit begrenzter Rationalität, die von individueller Nutzenmaximierung und opportunistischem Verhalten geprägt sind. Welge und Eulerich unterstreichen das Theoriegemenge der Institutionenökonomik folgendermaßen:

"Die Neue Institutionenökonomik stellt kein einheitliches Theoriegebäude dar, sondern besteht aus mehreren verwandten Theoriebausteinen, die ineinander greifen, sich teilweise überlappen und ergänzen" (Welge/Eulerich 2014, S. 10).

Die Theorienvielfalt der Institutionenökonomik lässt sich weiterhin aufteilen in die Ansätze der Prinzipal-Agenten-Beziehung, der Property-Rights-Theorie und der Transaktionskostentheorie (Mustaghni 2012, S. 27). Die Transaktionskostentheorie wird hier jedoch vernachlässigt und nicht weiter verfolgt. Des Weiteren werden die Stewardship-Theorie und der Stakeholder-Ansatz erläutert. In diesen beiden Theorien finden sich deutliche Unterschiede gegenüber den Theorien der Institutionenökonomik, vor allem in Bezug auf das Menschenbild des Opportunisten.

3.1 Der Prinzipal-Agenten-Ansatz

Erklärungsmodelle zum Themenkomplex der Corporate Governance eröffnen neue Perspektiven und Analysen. Die "Neue Institutionenökonomik" bietet mit ihren Theorien Anknüpfungspunkte zur Linderung von Konflikten zwischen Management und Stakeholdern, vor allem den Anteilseignern von Unternehmen. Die in der Historie der Corporate Governance-Forschung bereits beschriebenen Ausführungen von Smith, Berle und Means in Bezug auf das Vorliegen von Konflikten zwischen den Interessen der Geschäftsführer eines Unternehmens und den Interessen der Eigentümer finden ihre Würdigung in der Prinzipal-Agenten-Theorie. Diese Theorie gehört zu den führenden Ansätzen zur Erklärung von Konflikten im Bereich der Corporate Governance (Mustaghni 2012, S. 34). Jensen und Meckling sehen das betriebswirtschaftliche Verhältnis zwischen Eigenkapitalgeber und

Manager und der damit verbundenen Trennung zwischen Eigentum und Verfügungsgewalt in Aktiengesellschaften als Idealbild einer Prinzipal-Agenten-Beziehung:

"Since the relationship between the stockholders and the managers of a corporation fits the definition of a pure agency relationship, it should come as no surprise to discover that the issues associated with the "separation of ownership and control" in the modern diffuse ownership corporation are intimately associated with the general problem of agency" (Jensen/Meckling 1976, S. 6).

Jensen und Meckling ergründeten, dass in einer Aktiengesellschaft eine Vielzahl an expliziten und impliziten Verträgen (eng.: nexus on contracts) vorliegen, wodurch ein Beziehungsgeflecht entsteht. Dieses Beziehungsgeflecht wird geschaffen, weil ein Auftraggeber, der Prinzipal, gewisse ihm zugewiesene Aufgaben nicht selbst befürwortet und deshalb Aufgaben und Entscheidungskompetenzen an einen Auftragnehmer (Agent) weiterreicht (Kaiser 2015, S. 24-25). Jensen und Meckling definieren die Prinzipal-Agenten-Beziehung folgendermaßen:

"We define an agency relationship as a contract under which one or more persons (the principal(s)) engage another person (the agent) to perform some service on their behalf which involves delegating some decision making authority to the agent" (Jensen/Meckling 1976, S. 5).

Diese Definition stellt in wiederholtem Maße Bezüge zur geschichtlichen Entwicklung der Corporate Governance im Allgemeinen, und zum Konflikt zwischen Management und Anteilseigner im Speziellen auf und setzt die beiden Parteien Agent und Prinzipal in den Mittelpunkt der Betrachtung. Neus und Franke charakterisieren diese Beziehung folgend: Die Prinzipal-Agenten-Beziehung gilt als ein Vertrag, der zwischen Prinzipal und Agent geschlossen wird. Der Prinzipal überträgt dem Agenten das Recht in seinem Handeln unabhängig und eigenständig zu agieren. Prinzipal, als auch Agent können aus mehreren Individuen bestehen und der Agent besitzt immer einen Informationsvorsprung, der aus Sicht des Auftraggebers zum Vorteil des Prinzipals genutzt werden soll. Prinzipal-Agenten-Beziehungen können in der Praxis vielfältiger Art sein: Aktionär und Manager, Aufsichtsratsmitglied und Manager oder auch der Patient und Arzt. Durch diese Konstellation ergeben sich zum einen Informationsasymmetrien und zum anderen Interessenskonflikte, weil die

Ziele der beiden Parteien different sind. Problematisch an dieser Beziehung ist, dass für den Prinzipalen letztlich nur das Ergebnis der Handlungen sichtbar ist, jedoch nicht die wahrhaftigen Aktionen des Agenten (Neus 1989, S.21f. ; Franke 1993, S. 38f.).

Grothe sieht die Kompexität dieser Beziehung und folgert:

"Die Agency-Theorie abstrahiert vom klassischen, gewinnmaximierenden Allein-Eigentümer-Unternehmen und widmet sich den Organisationsproblemen in einer komplexen Institution, in der viele unterschiedliche Entscheidungsträger ren" (Grothe 2006, S. 25).

Fallscheer ergänzt in diesem Zusammenhang die Problematik dieser Interaktion, demnach der zwischen den Parteien geschlossene Vertrag nach diesen Annahmen unvollständig ist. Der Prinzipal übergibt dem Agenten nach diesem unvollständigen Vertrag Verfügungsrechte, die dem Agenten eigenständig die Wahl geben, zwischen mehreren Handlungsentscheidungen zu wählen. Weiterhin hat die Handlungsentscheidung des Agenten Auswirkungen auf den Nutzen der beiden Vertragsparteien und die Vertragsbeziehung ist mit Spannungen verbunden, weil ein jeweiliges Streben nach individueller Nutzenmaximierung zwischen den Vertragspartnern herrscht. Diese Interessenkonflikte drücken sich in unterschiedlichen Zeit- und Risikopräferenzen von Agent und Prinzipal aus. Entscheidungspielräume seitens des Agenten können opportunistisch ausgenutzt werden, obgleich diese Entscheidungen mit den Zielen des Prinzpal in Einklang stehen oder aber Nutzenreduzierungen bei ihm beeinflussen (Fallscheer 2016, S. 23-24).

Grothe veranschaulicht die wichtigsten Parameter der Prinzipal-Agenten-Theorie als ein zusammenhängendes theoretisches Grundkonzept folgend:

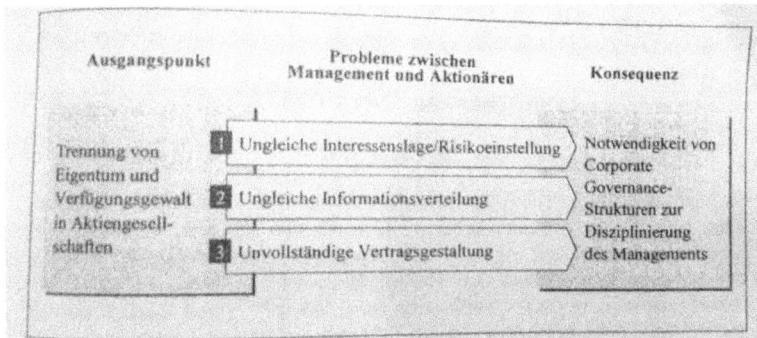

Abb. 3: Die Prinzipal-Agenten-Theorie

(Grothe 2006, S. 27).

Die oben beschriebene Charakterisierung der Prinzipal-Agenten-Beziehung findet sich in diesem Schaubild wieder und kann auf die Praxis von Entscheidungen im Umfeld von Organisationen bezogen werden. Ausgangspunkt dieser Beziehung ist die Trennung von Eigentum und Verfügungsgewalt in Aktiengesellschaften. Diese Trennung eröffnet Probleme zwischen Management und Aktionären, die in ungleiche Interessen-und Informationsverteilung dieser resultiert. Eine Konsequenz daraus ist, dass Corporate Governance-Strukturen entwickelt werden müssen, die zu einer Disziplinierung des Managements beitragen sollen. Abgesehen von möglichen Konflikten zwischen Management und Aktionären ist es auch denkbar, dass Konflikte und Uneinigkeiten zwischen weiteren Parteien im Umfeld von Unternehmungen auftreten können. Das Zusammenspiel von Management und Fremdkapitalgeber kann ebenfalls Konfliktpotenzial bieten und durch diese Theorie beschrieben werden (Mustaghni 2012, S.40-41). Der Schwerpunkt der Prinzipal-Agenten-Problematik liegt darin, dass der Anteilseigner in der Praxis die Eignung des Managers (Hidden Characteristics) als auch die Leistungsbereitschaft (Hidden Intention) nicht abschliessend beurteilen kann. Der Arbeitseinsatz des Managers (Hidden Action) ist ebenfalls nicht beobachtbar, sondern nur das Unternehmensergebnis. Ein bedeutendes Problem aus Sicht des Aktionärs drückt sich in der Befürchtung aus, dass er einen Vermögensverlust erleiden wird, wenn der Manager nicht ausreichend für seine Aufgaben qualifiziert ist, zu wenig Arbeit in sein Aufgabengebiet steckt oder aber womöglich nur eigene Ziele verfolgt, die nicht mit denen des Aktionärs übereinstimmen (Moral Hazard). Ein weiteres Problem resultiert daraus, dass der Anteilseigner zum Zeitpunkt des Vertragsabschlusses dem Manager auch keinen geringeren Lohn anbieten kann, weil dadurch die Perspektiven einer erfolgreichen Suche nach geeigneten Managern noch kleiner wird und somit nicht genügend qualifizierte oder aber opportunistisch handelnde Manager bereitstehen würden (Adverse Selection) (Witt 2003, S. 18-19). Die prägnantesten Problemfelder zwischen Prinzipal und Agent werden im Folgenden einer detaillierteren Betrachtung nach Welge und Eulerich unterzogen und abschliessend tabellarisch nach Funk unterlegt:

1) Hidden Characteristics:

Der Prinzipal steckt in dem Dilemma der Unwissenheit bzw. der nicht möglichen Beobachtung über die Eigenschaften des Agenten. Dies können erwünschte, jedoch auch unerwünschte und verheimlichte Eigenschaften sein, die der Prinzipal bis zum Vertragsabschluss nicht einsehen kann.

2) Hidden Intention

Die wahren Vorhaben des Agenten bleiben dem Prinzipal unerkannt, deshalb ist er auf die Integrität des Agenten angewiesen. Problematisch ist hier, dass der Agent womöglich eigenmotiviert handeln wird und damit die Ziele des Prinzipals gefährdet.

3) Hidden Action:

Fehlende Überwachungsmechanismen und räumliche Distanzen erschweren dem Prinzipal die Beurteilung des Arbeitseinsatzes des Agenten. Der Agent könnte daraus Kapital schlagen und seinen Arbeitseinsatz weiter herunterfahren oder aber Handlungen vollziehen, die nachträglich nicht mehr nachzuvollziehen sind (Welge/Eulerich 2014, S. 15).

	Hidden Characteristics	Hidden Intention	Hidden Information	Hidden Action
Entstehungs- zeitpunkt	Vor Vertragsabschluss	Nach Vertragsabschluss	Zw. Vertragsabschluss und Entscheidung	Nach Entscheidung
Entstehungs- ursache	Ex-ante verborgene Eigenschaften des Agenten	Ex-ante verborgene Absichten des Agenten	Nicht beobachtbarer Informationsbestand des Agenten	Nicht beobachtbare Aktivitäten des Agenten
Problem	Eingehen der Vertragsbeziehung	Durchsetzung impliziter Ansprüche	Entscheidungs- beurteilung	Verhaltens- und Leistungsbe- urteilung
Resultierende Gefahr	Adverse Selection: Auswahl unerwünschter Vertragspartner	Moral Hazard: Schädigung der Eigentümer	Moral Hazard: Suboptimale Entscheidungen	Moral Hazard: Unzureichender Arbeitseinsatz (Input); suboptimale Ergebnisse (Output)
Lösungsansätze	Screening (Aufdeckung von Eigenschaften)	Vertikale Integration (Commitment sicherstellen)	Motivations- und Anreizsysteme Informations- und Kontrollsysteme	
	Signaling/Reputation (Fähigkeiten und Intention vermarkten)			

Abb. 4: Lösungsansätze für Informationsasymmetrieprobleme

(Funk 2008, S. 64)

Die Lösungsansätze der Prinzipal-Agenten-Problematiken sind im obenstehenden Schaubild enthalten und bedürfen einer kurzen Erklärung:

Das Screening dient hier für den Prinzipal als Erteilung einer Auskunft vor Vertragsabschluss über die Qualitäten des Agenten. Dies könnte beispielsweise über die Informationsgenerierung mittels Headhunter über den Agenten erfolgen. Der Agent seinerseits wird seine Qualifikationen, sofern diese überdurchschnittlich sind, offen zeigen um dadurch eine höhere Vergütung anstreben zu können. Dies wird in diesem Zusammenhang als Signaling bezeichnet.

Im Hinblick auf die vertikale Integration geht es um den Schutz des Prinzipals vor unkorrektem Verhalten des Agenten. Diese Absicherung kann durch vielseitige Instrumente sichergestellt werden. Denkbar sind z.B langfristige Verträge, Sicherung von Verfügungsrechten und Strafsysteme. Erfolgsabhängige variable Gehaltskomponenten versprechen eine Linderung dieses Konfliktes und sollen den Agenten zu höheren Leistungen animieren. Dabei ist zu beachten, dass die variable Vergütung als Motivations-und Anreizsystem dienen sollte. Dieses System muss dementsprechend von objektiv nachvollziehbaren und messbaren Größen abhängen.

Informations- und Kontrollmechanismen bieten für den Prinzipal den Vorteil der Erfassung über das Verhalten des Agenten. Die Zuständigkeiten der Überwachung dieser Mechanismen obliegen etwa dem Aufsichtsrat, der unaufgeforderten Informationsweitergabe des Managements oder durch unabhängige Wirtschaftsprüfer, die im Rahmen der externen Rechnungslegung Transparenz bieten können (Welge/Eulerich 2014, S. 16).

Weiterhin wird versucht eine stärkere Relevanz der Prinzipal-Agenten-Theorie auf das "Gedankengebäude" der Corporate Governance zu übertragen. Die Interessenkollision zwischen Management und Aktionär, die durch differente Interessen verursacht wird, bedarf einer weiteren Ursachenforschung für diesen Konflikt. U.a. folgende Gründe für diese Problematik erscheinen denkbar (Mustaghni 2012, S.41 ff.):

Empire Building:

Die Nutzenmaximierung, verursacht durch opportunistisches Verhalten des Managers, steht unter Umständen nicht in Einklang mit den Interessen des Anteilseigners. Der Manager handelt also nach eigenem Interesse und ist willens sein Einkommen bspw. durch Unternehmenszukäufe zu erhöhen.

Consumption on the job:

Der Agent, namentlich der Manager, erzielt einen privaten Nutzen mittels dem Konsum von Unternehmensressourcen, die ihm in der Art und Weise nicht zustehen. Diese Art der Ausnutzung von Unternehmensressourcen kann sich in unterschiedlicher Form ergeben und zeigt sich beispielsweise in Investitionen in bevorzugte, aber für das Unternehmen nutz- und wertlose Projekte.

(Mustaghni 2012, S.41 ff.).

3.2 Die Property-Rights-Theorie

Die Property-Rights-Theorie (PR-Theorie) stützt sich auf dem Gedankengang, dass sich der Wert von Eigentum respektive einem Gut nicht nur allein aus physischen Eigenschaften zusammensetzt, sondern vor allem aus den Verfügungsrechten (Property Rights), die mit dem Eigentum verbunden sind. Verfügungsrechte bestehen aus unterschiedlichen Rechte-Komponenten, die im Zusammenhang mit dem Gut stehen. Diese Rechte unterteilen sich in die Nutzung des Guts, der Veränderung dieses, der Gewinnaneignung und der Veräußerung. Es gilt als sicher, dass je stärker diese Verfügungsrechte auf verschiedene Individuen oder Gruppen verstreut sind, der Wert des Guts weiter abnimmt. Die Property-Rights-Theorie basiert auf dem Konzept des methodologischen Individualismus und besagt, dass sich Kollektive wie zum Beispiel Unternehmen anders als Individuen verhalten. Durch das vieler einzelner Individuen verfolgte Verhalten zeigt sich, dass jeweils eigennützige Präferenzen vorliegen. Aus diesen Gründen ist der Nettonutzen eines Guts für seinen Eigentümer umso höher, je höher die Verfügungsrechte an dem Gut sind. Des Weiteren ist der Nettonutzen höher, wenn die mit dem Erwerb und der Durchsetzung der Verfügungsrechte verbundenen Transaktionskosten geringer sind. Final entscheidet vor allem auch die Anzahl der Eigentümer über den Nettonutzen des Eigentümers. Je geringer die Anzahl der Eigentümer ist, desto höher ist der jeweilige Nutzen (Mustaghni 2012, S. 28). Bezogen auf die Corporate Governance von Unternehmungen lüftet die Property-Rights-Theorie zahlreiche Ineffizienzen, die charakteristisch für die in Aktiengesellschaften bestehende Trennung von Eigentum und Verfügungsgewalt sind (Mustaghni 2012, S. 29-30):

Kontrollaufwand der Eigentümer: Die typische Trennung von Verfügungsgewalt und Eigentum bedarf einer permanenten Kontrolle und Steuerung des Managements durch die Aktionäre. Dieser Arbeitsaufwand führt zu Transaktionskosten.

Eigentümerkonflikte: Die Zuteilung von Kontrolle an mehrere Anteilseigner bedeutet Ineffizienz, weil nach dem methodologischen Individualismus die Aktionäre oder Aktionärsgruppen womöglich unterschiedliche Intentionen verfolgen.

Die Prinzipal-Agenten- als auch die Property-Rights-Theorie erbringen hilfreiche Erklärungsansätze zum Verständnis der Kernproblematik der Corporate Governance. Die folgende Darstellung nach Mustaghni zeigt die (erfolgreichen) Auswirkungen der Anwendung von Corporate Governance-Ansätzen: Überwachungsaktivitäten seitens der Gesellschafter verursachen nach der Prinzipal-Agenten-Theorie Überwachungs- und nach der Property-Rights-Theorie Transaktionskosten. Der Prinzipal-Agenten-Theorie zufolge löst opportunistisches Verhalten der Manager des Weiteren weitere Opportunitätskosten aus. Weiterhin verursachen die Risikoprämien des Managements fortführende Kosten, die durch die Eigentümer des Unternehmens getragen werden müssen, weil diese mit Agency-und Transaktionskosten belastet werden. "Gute" Corporate Governance kann durch die aktive Wahrnehmung dieser Theorien dazu beitragen, dass mithilfe geeigneter Kontroll- und Anreizmechanismen opportunistisches Verhalten des Managements und der Überwachungs- bedarf der Gesellschafter gemindert wird. Das Vorhandensein dieser Mechanismen drückt sich letztlich im Unternehmenswert aus, der durch die Einflussnahme von Corporate Governance erhöht wird (Mustaghni 2012, S. 44-45). Die Abbildung verdeutlicht die beschriebenen Ausführungen und zeigt die Effizienzmöglichkeiten von Corporate Governance auf den Unternehmenserfolg.

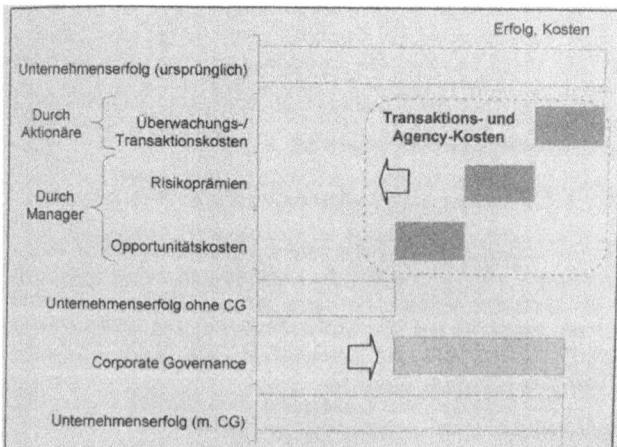

Abb. 5: Die Effizienzmöglichkeiten der CG auf den Unternehmenserfolg (Mustaghni 2012, S. 45).

Die Relevanz der Property-Rights-Theorie für die Corporate Governance wird deutlich, indem festgestellt wird, dass der höchste Nettonutzen beim klassischen eingentümergeführten Unter- nehmen vorliegt. Dieser Unternehmenstyp bildet eine Konzentration von Verfügungsrechten, die bezüglich Gewinnaneignung, Verlustübernahme, Veränderung und Veräußerung in einer Hand liegen. Transaktionskosten fallen kaum an, weil Überwachungstätigkeiten schlicht kaum benötigt werden. Der Eigentümer hat in dieser Position den finanziellen Anreiz, seine Ressourcen wirtschaftlich betrachtet effizient zuzuweisen, weil sich sowohl Gewinne als auch Verluste unmittelbar auf sein Einkommen auswirken. Vor diesem Hintergrund kann das eigentümergeführte Unternehmen für die Ausgestaltung von Corporate Governance-Regelungen als Optimum angesehen werden (Welge/Eulerich 2014, S. 11). Zusammenfassend ist zu sagen, dass die PR-Theorie in der Lage ist, eindeutige Erklärungsansätze für die Problemfelder der Corporate Governance anzubieten. Eigentümerkonflikte und die Überwachung des Managements durch die Aktionäre bewirken aus Kostengesichtspunkten negative Auswirkungen auf den Erfolg einer Unternehmung (Mustaghni 2012, S. 30).

3.3 Der Stewardship-Ansatz

Corporate Governance hat es sich zur Aufgabe gemacht, Interessenkonflikte und Informationsasymmetrien zu mildern und somit Agency-Kosten zu verringern. Bisher wurde die Prinzipal-Agenten-Theorie als ein auf Kontrolle ausgelegtes Konzept der Corporate Governance vorgestellt. Aus der Kritik an der zu einseitig interpretierten Prinzipal-Agenten-Theorie hat sich die Stewardship-Theorie entwickelt. Der Stewardship-Ansatz verfolgt im Gegensatz zur Prinzipal-Agenten-Theorie den Gedankengang einer kollektiven Zusammenarbeit zwischen verschiedenen Interessenparteien und stellt Vertrauen als Basis dieser Beziehung in das Zentrum der Betrachtung. Der englische Begriff "stewardship" bedeutet übersetzt ins Deutsche soviel wie "Verwaltung" oder aber auch "Verwalter mit Verantwortung" und bestärkt die Grundhaltung der Vertrauenskomponente dieses Ansatzes.

Weitreichendere Kritik an der Prinzipal-Agenten-Theorie und dem undifferenzierten Menschenbild des Managers als eigennützigen Opportunisten äußern Charkham und Simpson:

"We feel that agency theory takes insufficient account of all other motivations. How else can we account for the fact that most of our greatest companies are run by professional managers, who, if the theory ist to be believed, ought to be cheating everyone, especially the owners, as much as they possibly can and in most cases probably have no wish to do so?" (Charkham/Simpson 1999, S. 55).

Das folgende Schaubild unterstreicht die wichtigsten Unterschiede zwischen der Prinzipal-Agenten- und der Stewardship-Theorie und stellt mittels verschiedener Parameter die Theorien vor:

	Prinzipal-Agenten-Theorie	Stewardship-Theorie
Theoretische Grundlage	Volkswirtschaftslehre	Organisationspsychologie und Soziologie
Leistungsmassstab	Shareholder Value	Stakeholder Value/Unternehmensziele
Beziehung zwischen Eigentümer und Manager	Zielkonflikt	Zielkongruenz
Menschenbild	Individueller Opportunismus	Pro-organisatorisches Verhalten
Motivation	Extrinsisch	Intrinsisch
Unsicherheit bezüglich des Managerverhaltens	Misstrauen, Verhinderung	Vertrauen, Akzeptanz
Design	Überwachung als Primäraufgabe des Boards, Unabhängigkeit der Direktoren, geteilte Entscheidungsbefugnisse, Anreizstrukturen	Beratung als Primäraufgabe des Boards, weit reichende Entscheidungs- und Ermessensbefugnis des Managements, fixe Vergütung

Abb. 6: Die Unterschiede der Prinzipal-Agenten-Theorie und der Stewardship-Theorie (Studlib o.J., o.S.).

Die Grundverschiedenheit der beiden Theorien zeigt sich bereits in der Grundlage der Ansätze: Die theoretische Grundlage der Prinzipal-Agenten-Theorie liegt in der Volkswirtschaftslehre, die der Stewardship-Theorie in der Organisationspsychologie und der Soziologie. Leistungsmassstab ist der „Shareholder Value", also die Fokussierung auf die Wertschaffung für den Anteilseigner im Prinzipal-Agenten-Ansatz. In der Stewardship-Theorie liegt die Konzentration auf dem „Stakeholder Value", die Berücksichtigung sämtlicher Anspruchsgruppen des Unternehmens. Die Beziehung zwischen Eigentümer und Manager wird in der Prinzipal-Agenten-Theorie zielkonfliktbehaftet betrachtet, weil die jeweiligen Interessen divergieren. Die Stewardship-Theorie dagegen sieht dieses Verhältnis weniger kontrovers und findet eine Kongruenz der jeweiligen Ziele vor. Das Menschenbild dieser beiden Theorien offenbart den grundverschiedenen Charakter dieser Ansätze: Während auf der einen Seite das Menschenbild des individuellen Opportunismus vorliegt, das extrinsisch motiviert agiert, basiert der Stewardship-Ansatz auf einem pro-organisatorischen Verhalten und intrinsischer Motivation. Daraus folgen Unsicherheiten bezüglich des Managerverhaltens, die sich in der Prinzipal-Agenten-Theorie in Misstrauen manifestieren. Das Vertrauens-und Akzeptanz-Modell der Stewardship-Theorie sieht dagegen die Harmonie in diesem Zusammenspiel.

Des Weiteren ist auffallend, dass der Zeithorizont der beiden Theorien divergiert und nach der Stewardship-Theorie auf eine langfristige Basis gehoben wird, derweil die Prinzipal-Agenten-Theorie den Schwerpunkt auf einen kurzfristigen Zeitrahmen legt.

Zusammenfassend ist zu konstatieren, dass die Stewarship-Theorie aufgrund der Zusammenführung von Erkenntnissen weiterer Forschungsgebiete breiter aufgestellt ist als die Prinzipal-Agenten-Theorie. Der Steward steht für einen übergeordneten intrinsisch ausgerichteten Treuhänder der Unternehmung, der gewillt ist, seine Leistung für das Unternehmen zu erbringen. Wichtig ist jedoch anzumerken, dass auch die Stewardship-Theorie ein Extrem darstellt und nicht auf empirischen Analysen beruht. In der Praxis muss damit situationsbedingt abgewogen werden, ob die theoretischen Aussagen zutreffend sind (Weßels 2012, S. 110-111).

3.4 Der Stakeholder-Ansatz

Die eingangs beschriebenen Ausführungen zu den im Fokus von Corporate Governance stehenden Anspruchsgruppen finden in der Stakeholder-Theorie ihren Niederschlag. Eine ausschließliche Fokussierung auf die Parteien Manager und Aktionär würdigt nicht die Stellung anderer wichtiger Anspruchsgruppen einer Aktiengesellschaft. Im Zusammenhang mit Corporate Governance sollten Unternehmen und die ausführenden Manager dazu angehalten sein, die Interessen aller Stakeholder zu berücksichtigen. Boettcher unterstreicht diese Sichtweise und behauptet:

"Der Unternehmensleiter hat, insbesondere in einem großem Unternehmen, nicht nur das Eigentümerinteresse wahrzunehmen, sondern auch die Interessen aller übrigen Gruppen zu berücksichtigen, wenn er nicht den Erfolg des Unternehmens gefährden will" (Boettcher et al. *1968, S. 33*).

Dies ist in der Praxis jedoch nur schwerlich möglich, da hierfür schlicht die Bewertungskriterien wichtiger oder tendenziell eher unwichtiger Anspruchsgruppen fehlen. Die Fokussierung auf die Schaffung von Werten der internen und externen Anspruchsgruppen eines Unternehmens findet ihre Bestätigung im Stakeholder-Ansatz. Der Stakeholder-Ansatz basiert darauf, dass die verschiedenen Interessenkonflikte ermittelt und gelöst werden sollen (Witt 2003, S. 53). Vertreter der Stakeholder-Theorie üben Kritik an dem Prinzipal-Agenten-Ansatz, weil hier nur die Interessen der Eigentümer fokussiert werden. Vielmehr steht der Stakeholder-Ansatz für die Bündelung von Interessen zahlreicher Stakeholder:

"Anknüpfungspunkt ist der ausschließliche Fokus des Agency-theoretischen Zugangs auf die Interessen der Eigentümer einer Organisation. Dem wird entgegnet, dass nicht nur die Maximierung des Wohlstands der Eigentümer verfolgt werden sollte, sondern dass diejenigen berücksichtigt werden müssen, die einen materiellen oder immateriellen Anspruch bzw. "Stake" in der Unternehmung haben. Damit geraten Lieferanten, Kunden, Mitarbeiter, Kreditgeber, Umweltschützer, die Regierungen und andere Anspruchsgruppen ins Zentrum" (Kreitmeier 2001, S. 53).

Unternehmen müssen dafür sorgen, dass sie sich in einer komplexen Umwelt behaupten, um handlungsfähig und existenzerhaltend agieren zu können. Die Zielerreichung von Unternehmen hängt somit tatsächlich von Ressourcen der Stakeholder ab. Aufgabe des Managements ist es somit, perspektivisch eine Verbindung zu den Stakeholdern aufzubauen, so dass kritische Ressourcen dem Unternehmen nicht entzogen werden. Damit die Beziehung zu den Stakeholdern beibehalten werden kann, ist es wichtig, dass Leistung und Gegenleistung in einem sinnvollen Verhältnis zueinander stehen. Die beschriebene Handlungsfähigkeit des Unternehmens kann durch die Partizipation der Stakeholder samt ihren Ressourcen gesichert werden. Auf der anderen Seite sollte ein Interessenabgleich stattfinden um die wichtigen Stakeholder an das Unternehmen zu binden. Die Frage nach der Dimension einer Interessensdurchsetzung der Stakeholder muss situationsspezifisch behandelt werden, weil die Bedeutung der Ressource mitsamt der hieraus resultierenden Macht auch vom Willen abhängt, diese Macht in den Verhandlungen zur Interessendurchsetzung geltend zu machen (Gerum 2007, S. 15).

4. Interne und externe Corporate Governance-Mechanismen

Die nachgezeichneten Problematiken zwischen unterschiedlichen Stakeholdern respektive Prinzipal und Agent finden in der Praxis in Corporate Governance-Mechanismen Lösungen. Hauptaugenmerk ist hier erneut die fokussierte Betrachtung von Anteilseignern und Managern, weil das Problem der Trennung von Eigentum und Verfügungsgewalt besteht. Die Corporate Governance –

Forschung befasst sich somit fokussiert einer konsequent an den Aktionärsinteressen ausgerichteten Unternehmensleitung. Prinzipal-Agenten-Probleme können durch Corporate Governance-Mechanismen beeinflusst und gelöst werden. Es sei an dieser Stelle anzumerken, dass nur stark verkürzt auf die folgenden Mechanismen eingegangen werden kann, da sonst der Rahmen der Arbeit gesprengt würde. Die internen CG-Mechanismen bzw. Kontrollsysteme sind dadurch charakterisiert, dass die Überwachung des Managements durch Instrumente innerhalb der Vertragsbeziehungen der Unternehmung abgewickelt werden. Die internen Mechanismen werden hier unterteilt in die anreizorientierte Managerentlohnung und den Aufsichtsrat bzw. die Aufsichtsgremien (Grothe 2006, S. 28). Auf die Untersuchung der Kapitalstruktur, als weiteren internen CG-Mechanismus, wird hier nur verkürzt eingegangen. Die externen Mechanismen werden durch den Arbeitsmarkt für Manager und dem Produkt-und Kapitalmarkt ausgedrückt (Schmidt 2001, S. 23). Die internen Corporate Governance-Mechanismen beruhen auf einer Fokussierung von Anreiz-und Organisationsstrukturen, während sich die externen Mechanismen auf Wettbewerb in den Märkten bezieht (Kreitmeier 2001, S. 31). Aufgrund der Vielzahl empirischer Studien und der Komplexität der verschiedenen Forschungsansätze wird dieses Kapitel nur einen Ausschnitt der wichtigsten Schwerpunkte darstellen können (Grothe 2006, S. 28). Eine aussagekräftige Definition von Corporate Governance-Mechanismen im Allgemeinen liefert Pfeil:

"In general, corporate governance mechanisms are legal and economic institutions, which safeguard fund providers' investment into the firm against the misbehavior of other parties involved into the firm's business" (Pfeil 1999, S. 46).

Pfeil stellt in seiner Definition den Anteilseigner in den Mittelpunkt der Betrachtung. Corporate Governance-Mechanismen sollen also die Interessen der Anteilseigner wahren und sie vor dem Fehlverhalten anderer Marktteilnehmer schützen.

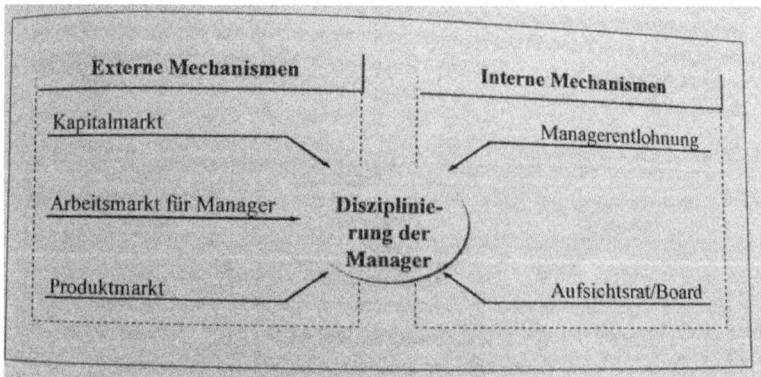

Abb. 7: Interne und externe Corporate Governance-Mechanismen

(Grothe 2006, S. 29).

Grothe kategorisiert die Corporate Governance-Mechanismen obenstehend als Schaubild. Im Zentrum der Analyse steht die Disziplinierung der Manager, die durch die beschriebenen internen und externen Mechanismen sichergestellt werden soll.

4.1 Interne Corporate Governance-Mechanismen

Die internen Corporate Governance-Mechanismen bieten sich als Werkzeug zur Reduzierung der Prinzipal-Agenten-Problematik an und können intern durch das Unternehmen selbst gesteuert werden. Eine Disziplinierung der Manager mithilfe monetärer Anreizsysteme und mittels kontinuierlicher Kontrolle der Geschäftsbereiche durch die Unternehmensleitung durchleuchtet die Kernproblematik des Prinzipal-Agenten-Dilemmas und lässt diese Konflikte greifbarer erscheinen (Grothe 2006, S. 58). Die internen Kontrollmechanismen beruhen im Gegensatz zu den externen CG-Mechanismen auf vertraglichen Beziehungen zwischen den Kapitalgebern und dem Management der Unternehmung.

4.1.1 Die Kapitalstruktur

Hinzuzufügen sei hier, dass die Kapitalstruktur eines Unternehmens, im Schaubild nicht ersichtlich, durch die vertragliche Beziehung zu Fremd- und Eigenkapitalgebern als interner CG-Mechanismus fungiert. Fremd- und Eigenkapitalgeber üben durch vertraglich festgelegte Ansprüche Druck auf die leitenden Manager eines Unternehmens aus:

27

"Während idealtypischerweise Fremdkapitalgeber einen Anspruch auf feste Zins- und Til-
gungszahlungen haben, erhalten die Eigenkapitalgeber den verbleibenden Residualüber-
schuss und ein Stimmrecht" (Kreitmeier 2001, S. 35-36).

Des Weiteren liegt es im Interesse der Fremdkapitalgeber die Solvenz des Unternehmens ein-schließlich der Tilgung des gewährten Kredits sicherzustellen. Das Recht der Liquidierung des Unternehmens bei nicht erfolgter Tilgung bietet dem Kapitalgeber eine Risikoabsicherung, die auf der anderen Seite eine Disziplinierung des Managements erzeugt. Die Vermeidung eines Konkurses des Unternehmens liegt somit sowohl im Interesse der Fremdkapitalgeber, als auch im Interesse des Managements. Das Management würde im Falle des wirtschaftlichen Zusam-menbruchs seine bedeutende Stellung innerhalb des Unternehmens verlieren und unter Reputa-tionsverlust leiden. Eine hohe Fremdverschuldung bietet demnach Anlass dazu, das Management zu vernunftgeleitenden Investitionen zu animieren, die im Interesse der Fremdkapitalgeber stehen (Kreitmeier 2001, S. 36). Gläubiger sind somit dazu angehalten, das Verhalten des Managements im eigenen Interesse zu beeinflussen (Schmidt 2001, S. 27). Die Finanzierung der Unternehmung durch die Eigenkapitalgeber bewirkt ebenfalls eine Disziplinierung des Managements und soll das Management dazu anhalten, in für das Unternehmen wertstiftende Projekte zu investieren. Die Ausübung von Stimmrechten durch die Teilnahme an der Hauptversammlung einer Aktiengesell-schaft bietet dem Aktionär beispielsweise das Recht, der Unternehmensführung sein Ver- oder oder Misstrauen auszusprechen. Diese und weitere Mitspracherechte dienen der Mäßigung des Managements und der Interessendurchsetzung der Anteilsinhaber. Zu vermerken sei hier jedoch der Fakt, dass die Beteiligungsqoute eines Aktionärs hinreichend groß sein muss, damit er den Anreiz besitzt per Stimmabgabe als Überwachungsinstanz zu fungieren (Kreitmeier 2001, S. 36). Das Ausmaß der Überwachung des Managements hängt somit nicht nur von der Beteiligungsquote der Aktionäre ab, sondern auch von den ihnen zur Verfügung stehenden finanziellen und recht-lichen Möglichkeiten (Schmidt 2001, S. 26). Schmidt formuliert diesen Zustand zutreffend:

"Hat ein Aktionär einen relativ großen Anteil an einer Gesellschaft, so ist es für ihn
leichter und lohnender, Einfluss auf das Management zu nehmen als für einen Kleinak-
tionär, der sich dazu erst Verbündete suchen muss" (Schmidt 2001, S. 26).

4.1.2 Die Managerentlohnung

Das Thema der Managerentlohnung betrifft in erster Linie die Vergütungsstruktur der leitenden Angestellten. Anreizelemente sind hier durch die Welt der unvollständigen Verträge geprägt und sollen zu einer Anpassung der Interessen zwischen Management und Anteilseignern führen. Grothe sagt diesbezüglich vollkommen richtig:

"Je stärker die Entlohnung der Manager an die Realisierung der Aktionärsinteressen gekoppelt ist, desto eher werden die Manager einen Anreiz haben, von sich aus die Ziele der Aktionäre zu verfolgen" (Grothe 2006, S. 42).

Gedanklich ist festzustellen, dass Managern ohne variable Gehaltskomponenten der Anreiz fehlt im Begriff der Aktionäre zu handeln. Auf der anderen Seite ist es unbestritten, dass eine steigende Unternehmensbeteiligung Zielkonflikte seitens Management und Anteilseignern reduziert (Mustaghni 2012, S. 55). Auch Schmidt führt an, dass eine am Unternehmenserfolg gekoppelte Vergütung des Managements zu einer Angleichung der Interessen von Managern und Anteilseignern führt. Im diesem Zusammenhang sagt er:

"Dazu sollen die Manager zu einem gewissen Grad das Risiko der Aktionäre teilen, Vermögensminderungen durch schlechte Performance hinnehmen zu müssen. Ob dies tatsächlich durch ein Vergütungssystem erreicht wird, hängt von der Relation des Festgehalts zum erfolgsabhängigen Anteil und von der Gestaltung des erfolgsabhängigen Gehaltsbestandteil ab" (Schmidt 2001, S. 25).

Abschliessend muss die Überlegung gestattet sein, ob eine zum großen Teil am Börsenkurs orientierte Bezahlung des Managements zweckvoll ist, weil die Kurseinflüsse verschiedenen Ursprungs sein können. Sollte sich die Arbeitsleistung des Managements im Aktienkurs widerspiegeln, so ist eine exakte Zuordnung des Erfolgs auf Einzelpersonen nur erschwerend möglich. Eine starre Festlegung auf die Performance des kurzfristigen Aktienkurses könnte das Management dazu veranlassen, die Realisierung langfristiger und rentabler Projekte zu scheuen, weil der Ertrag dieser Projekte sich nicht sofort projizieren lässt (Schmidt 2001, S. 26).

Des Weiteren muss konstatiert werden, dass das ergebnisausgerichtete Vergütungssystem in erster Linie einen nicht unerheblichen Corporate Governance-Mechanismus darstellt. Letztlich ist es jedoch so, dass aufgrund fehlender empirischer Untersuchungen die Erfolgsauswirkungen nicht sicher bewiesen werden können (Mustaghni 2012, S. 57).

4.1.3 Der Aufsichtsrat/Board

Neben der Kapitalstruktur und der Managerentlohnung bieten der Aufsichtsrat bzw. das Aufsichtsgremium sich als weiteren internen Kontrollmechanismus an. Dieses gesellschaftsrechtliche interne Organ kann als Organisationsgefüge betrachtet werden, das sich Angelegenheiten zu widmet, die im Einflussbereich von Führung, Überwachung und Interessenvertretung einer Unternehmung stehen (Bleicher et al. 1989, S. 44). Zwecks der Dringlichkeit einer Kontrolle des Managements wird in diesen Mechanismus die Hoffnung gesteckt, fehlgeleitetes Verhalten des Managements zu unterbinden und ein auf die Interessen der Anteilseigner abgezieltes Verhalten der Manager zu beeinflussen. Die Aktionäre können dabei vereinzelt die ihnen auf rechtlicher Basis eingeräumten Kontrollrechte an dieses Kollektiv weiterreichen. Kreitmeier stellt die Wichtigkeit dieses Mechanismus klar, indem er behauptet, dass Fragen im Zusammenhang mit dem Aufsichtsgremium einer Unternehmung als Mittelpunkt der größtenteils neoinstitutionalistisch veranlagten CG-Thematik zu betrachten sei:

"Diesem internen Kontrollmechanismus wird auf Grund der beschränkten Wirkung der übrigen internen und externen "Disziplinierungshebel" im Mainstream der Corporate Governance-Literatur die größte Aufmerksamkeit zuteil" (Kreitmeier 2001, S. 37).

Einen Querschnitt der Theorien finden wir nach Finkelstein und Hambrick, die darlegen, dass die Prinzipal-Agenten-Theorie den Fokus ihrer Betrachtung auf die Aufsichtsorgane legen:

"[A]gency theorists have placed boards at the center of corporate governance by emphasizing their role in monitoring and disciplining top management" (Finkelstein/Hambrick 1996, S. 210).

Die tatsächliche Ausgestaltung von "Aufsichtsgremien" kann auf theoretischer Basis nicht problemlos beschrieben werden. Sie hängt von zahlreichen Faktoren, wie z.B der Rechtsform der Organisation und der jeweiligen länderspezifischen und gesellschaftsrechtlichen Gesetze ab

(Kreitmeier 2001, S. 22). Mustaghni unterstreicht die Funktionsweise dieses internen Mechanismus und zeigt dabei u.a. dessen globale Uneinheitlichkeit auf:

"Das Überwachungsorgan hat in erster Linie eine überwachende Funktion. Es ist jedoch kein global und unternehmensweit einheitliches Modell des Überwachungsorgans. Seine Struktur, Zusammensetzung und Aufgabenverteilung variieren in Abhängigkeit vom Corporate-Governance-System des Landes und der jeweiligen Unternehmenssatzung" (Mustaghni 2012, S. 50).

Gegenwärtig existieren zwei anerkannte Corporate Governance-Modelle: Die dualistische und die monistische Unternehmensverfassung. Global und länderbezogen betrachtet liegen jedoch keine einheitlich ausgestalteten Corporate Governance-Modelle und damit auch unterschiedliche Ursprünge bezogen auf die Ausgestaltung der Unternehmensführung und –überwachung vor (Grothe 2006, S. 45). Um Überschneidungen zu vermeiden, werden weiteren Erläuterungen zum Leitungs- und überwachungsorgan in Kapitel fünf ausführlicher beschrieben. Abschnitt fünf geht auf die Corporate Governance-Modelle ein und zeigt weiterhin die Verbindungen zu den oben skizzierten Ausführungen zum Themenkomplex des Aufsichtsrats bzw. des Aufsichtsgremiums.

4.2 Externe Corporate Governance-Mechanismen

4.2.1 Der Kapitalmarkt

Der Kapitalmarkt ist dadurch charkaterisiert, dass auf auf ihm mit Eigenkapital- und Fremdkapitaltiteln gehandelt wird. Diese Märkte zeichnen sich durch die fortführende Suche der Individuen nach ertragbringenden Investitionen aus. In diesem Zusammenhang versuchen sie die wertmäßigen Konsequenzen der Handlungen der Manager abzuschätzen. Die Marktpreise der Kapitaltitel entsprechen demnach den "gesammelten Erwartungen" bzw. "Chancen und Gelegenheiten" von Marktteilnehmern. (Nowak 1997, S. 36). Dem Kapitalmarkt kann sowohl aus theoretischer als auch praktischer Sichtweise eine bedeutende Funktion der CG-Diskussion zugeschrieben werden. Das Thema des Kapitalmarktes wird hier unterteilt in die Zusammensetzung des Anteilsbesitzes, der Funktionsweise der Banken bei Finanzierungs- und Überwachungsaufgaben einer Unternehmung und der Eignung des Marktes für Unternehmenskontrolle, die auch als "corporate control" bezeichnet wird (Grothe 2006, S. 29). Die Struktur des Anteilsbesitzes kann konzentriert oder aber auch breit gestreut sein und ist eine wichtige Komponente im Bereich der Corporate Governance. Eine These, die im Zusammenhang mit diesen Fragestellungen aufgestellt wurde, ist die der "Verbesserung" der Corporate Governance von Unternehmen durch den überwachenden Einfluss eines Großinvestors. Anteilseigner, die über einen großen Anteil der Wertpapiere einer Unternehmung verfügen, streben demnach deutlicher nach Überwachungsmaßnahmen des Managements als Kleinaktionäre dies tun würden bzw. können (Grothe 2006, S. 30-31). Gugler teilt diesen Gedankengang und sagt:

"The larger ownership (and voting power) concentration, the higher the incentive and ability of shareholders to monitor management" (Gugler 2001, S. 12).

Forschungen im Bereich der Analyse der Zusammensetzung des Anteilsbesitzes haben ergeben, dass nicht grundsätzlich davon ausgegangen werden kann, dass sich eine konzentrierte Struktur positiver auf die CG von Unternehmungen auswirkt (Grothe 2006, S. 31). Eine zielgerichtete Überwachung der Unternehmensleitung durch Großaktionäre kann folgend genannte Probleme mit sich bringen: Im Falle einer geringen Hauptversammlungspräsenz genügt es institutionellen Investoren, die evtl. nur relativ wenige Anteilspakete besitzen, bereits über eine Stimmenmehrheit zu verfügen. Des Weiteren vermindern Anteilseigner mit großen Aktienpaketen die Liquidität der entsprechenden Wertpapiere (Witt 2003, S. 34). Abseits dieser Effizienzprobleme liegt das größte Konfliktpotenzial in der Streuung des Anteilsbesitzes. Der Konflikt zwischen Groß- und kleineren Minderheitsaktionären beruht auf der Vermutung der kleinen Anteilseigner, das diese unter dem Druck der Großaktionäre ihre Rechte gegenüber dem Management nicht durchsetzen können (Grothe 2006, S. 32). Darüber hinaus ist festgestellt worden, dass auch die Großaktionäre selbst uneinheitlich strukturiert sind. Einzelpersonen oder familiengeführte Großinvestoren führen nicht automatisch zu einer effektiveren Kontrolle des Managements. Als Beispiel können hier Aktionärsgruppen genannt werden, die das Unternehmen selbst gegründet haben und die notwendige Überwachung des Managements durch „emotionalgeleitete" oder "besserwisserische" Handlungen blockieren (Audretsch/Weigand 2001, S. 112 f.).

Die Funktionsweise der Banken bei den Themen der Unternehmensfinanzierung und der Überwachung bedarf hier einer detaillierteren Betrachtung. Die Banken fungieren in ihrer Hauptfunktion als Fremdkapitalgeber gegenüber den Unternehmen. Des Weiteren verfügen die Banken über zahlreiche eigene Beteiligungen und können somit z.b durch ausgeübte Stimmrechte im Auftrag von Depotkunden auf der Hauptversammlung ihre Rechte in Anbetracht des Managements durchsetzen (Grothe 2006, S. 33-34). Die häufig zu beobachtende Doppelfunktion der Banken erweist sich in der Praxis als konfliktbehaftet. Die Doppelfunktion, hier unterteilt in Eigen- und Fremkapitalgeber der Aktiengesellschaft zu sein, hat zur Folge, dass die Banken einem Interessenkonflikt ausgesetzt sind. Einerseits zielen die Banken auf die Absicherung der eigenen Kredite ab, andererseits streben sie nach der Interessenverfolgung der Anteilseigner (Gerke/Mager 2003, S. 557). Die disziplinierende Wirkung der Fremdfinanzierung äußert sich in theoretischer Weise dahingehend, das Manager durch die Aufnahme von Fremdkapital in ihren Investitionsentscheidungen gehemmt werden (Blies 2000, S. 71 f.). Eine höhere Verschuldung bedeutet somit, dass die vertraglich festgelegten Zins- und Tilgungszahlungen zur Disziplinierung der Manager führen. In diesem Zusammenhang muss jedoch bedacht werden, ob eine verstärkte Machtstellung von Banken die Manager wirklich veranlasst im Sinne der Anteilseigner zu agieren. Permanente Zahlungsverpflichtungen der Unternehmen an die Banken hemmt die Investitionsfreudigkeit von Managern. So kann es zu fehlgeleiteten Investitonen kommen, weil risikobehaftete aber für die Aktionäre profitable Investitionen unter Umständen nicht getätigt werden. Gugler sieht in dem Verhältnis der Banken zu den Unternehmen eine gewisse Ambivalenz und sagt:

> „The effects of close bank-firm relationships ... on firm profitability are
> guous ..." (Gugler 2001, S. 57).

Eine abschliessende fundierte Aussage über die Wirkung der Banken ist somit nicht möglich oder gegeben (Grothe 2006, S. 35).

Der Markt für Unternehmenskontrolle ist ein weiterer Corporate Governance-Mechanismus externer Art. Schmidt beschreibt diesen Mechanismus und dessen Wirkung folgendermaßen:

> "Der Übernahmemarkt entzieht einer Gruppe von Managern die Kontrolle von assets und
> weist sie Managern zu, die den shareholder value maximieren. Der drohende Verlust des
> Arbeitsplatzes durch Übernahmen soll die aktuellen Manager dazu bringen, den residual

loss, die Differenz zwischen dem Unternehmenswert bei optimaler Geschäftsleitung im
Sinne der Anteilseigner und dem Wert bei aktueller Geschäftsleitung , so gering wie mög-
lich zu halten" (Schmidt 2001, S. 31).

Mögliche Übernahmen einer Unternehmung ergeben betriebswirtschaftlich jedoch nur dann Sinn, wenn Mängel im Unternehmen bestehen, die durch ein Installieren eines neuen Managements beseitigt werden können (Schmidt 2001, S. 31). Abseits dieser unentwegten "Übernahmebedrohungen" besteht eine weitere Disziplinierungswirkung durch die Gefahr von feindlichen Übernahmen ("hostile takeovers") (Grothe 2006, S. 35). Hart beschreibt den Gedankenfaden, der hier im Zentrum steht, einleuchtend: Von Managern geführte Unternehmen leiten diese in opportunistischer Art und Weise und handeln nicht im Interesse der Aktionäre. Ein fiktiver aktueller Unternehmenswert ergibt v und der Unternehmenswert unter einer "nutzbringenden" Führung wäre v+g. Würde ein Käufer eines Unternehmens alle Aktien dieses Unternehmens zu einem Betrag von v erwerben und das Management gegen ein effektiveres auswechseln, würde er einen Ertrag in Höhe von g generieren (Hart 1995, S. 684).

4.2.2 Der Arbeitsmarkt für Manager

Der Produktionsfaktor "Management" ist ähnlich dem Produktionsfaktor "Kapital" als inhomogen zu betrachten. Manager können somit nach ihrer Qualifikation, ihrer Motivation oder auch ihrem Arbeitseinsatz differenziert werden (Witt 2003, S. 136).

Nach der Analyse der Literatur zum Thema Corporate Governance kann zunächst angenommen werden, dass der Arbeitsmarkt für Manager als bedeutender externer CG-Mechanismus gesehen werden kann. Begründet wird dies mit der Annahme, dass der Arbeitsmarkt disziplinarisch auf Manager wirkt und somit ein im Sinne der Aktionäre beeinflusstes Handeln ausgelöst wird (Rappaport 1999, S. 211).

Fama setzt die folgende Leitfrage in den Mittelpunkt dieser Theorie:

> *"To what extent can the signals provided by the managerial labor market..., perhaps with*
> *other market-induced mechanisms, discipline managers?" (Fama 1980, S. 292).*

Die folgend genannten Voraussetzungen nach Fama zeigen die disziplinierende Wirkung des Arbeitsmarktes auf (Fama 1980, S. 296):

1) Transparenz bezogen auf den Arbeitsmarkt:
Der Arbeitsmarkt muss eine hinlängliche Transparenz bieten, damit eine Prognose bezüglich Leistungsbereitschaft und Fähigkeit der Manager am Arbeitsplatz gegeben ist.

2) Der Arbeitsmarkt muss Informationen effiizient miteinbeziehen:
Eine vernunftgemäße Verarbeitung von Informationen ist von Bedarf und die Höhe der Kompensation der Manager in der Zukunft sollte abhängig von der Arbeitsleistung der vorherigen Zeitperioden sein.

3) Anreizverfahren:
Eine Gehaltsanpassung sollte einen Anreiz beim Manager auslösen.

Die Forschung zur disziplinierenden Wirkung des Arbeitsmarktes hat festgestellt, dass dieser Mechanismus zumindest angezweifelt werden darf. Grund dafür ist, dass das Verhalten von Managern nur sehr erschwert von außen beobachtbar ist und zudem um externe Effekte berichtigt werden muss. Die nach Fama vorgestellte Voraussetzung der „Transparenz auf dem Arbeitsmarkt" ist somit nachweislich nur bedingt brauchbar (Mustaghni 2012, S. 61).

Schmidt ergänzt, dass der Markt die Historie von Erfolg oder Misserfolg eines Managers offenlegen muss. Der Kern des Problems liegt hierbei jedoch in der Tatsache, dass die Gesamtleistung eines Unternehmens einzelnen Personen bzw. Mitarbeitern zugeordnet werden muss. Diese Bedingung tritt nur sehr vereinzelt auf, da die Entscheidungsmacht in Aktiengesellschaften gewöhnlicherweise bei verschiedenen Personen liegt. Des Weiteren ist die Unternehmensleistung auch von mehreren weiteren Faktoren abhängig, die ermittelt werden müssen (Schmidt 2001, S. 30).

4.2.3   Der Wettbewerb auf Produktmärkten

Der Wettbewerb auf den Produktmärkten übt einen nicht unerheblichen Druck auf die in den Unternehmen leitenden Angestellten aus. Die Unternehmen stehen in einem Konkurrenzkampf mit anderen Unternehmen, der über Faktoren wie den Produktpreis, die Qualität, das Design und den Service der Produkte ausgetragen wird. Desto stärker dieser Wettbewerb auf den Produktmärkten herrscht, desto mehr Druck lastet somit auch auf Managern (Witt 2003, S. 26). Neben dem Kapital- und Arbeitsmarkt für Manager kann der Produktmarkt als externer CG-Mechanismus zur Disziplinierung der Manager aufgeführt werden. Die erfolgreiche Positionierung eines Unternehmens am Aktienmarkt bedeutet, dass das Unternehmen beharrlich an gewinn- und umsatzmaximierenden Geschäftszielen festhalten muss. Der Wettbewerb auf den Produktmärkten zwingt die Unternehmen somit zumindest genauso gut zu sein wie die Konkurrenz. Das Verhalten der Marktteilnehmer führt zu einem Wettbewerb zwischen den Unternehmen und verursacht Anstrengungen zur Erhöhung von Innovation und Effizienz. Dieser Einsatz erbringt die maximale Produktivität, die als Voraussetzung für einen langfristigen Erfolg steht. Diese Motive sind ausschlaggebend dafür, dass der Wettbewerb auf den Produktmärkten als externer CG-Mechanismus genannt werden kann (Pfeil 1999, S. 37). Fama unterstreicht die, seiner Meinung nach, wichtige Stellung des Produktmarkts als externen CG-Mechanismus, indem er behauptet:

"The firm is disciplined by competition from other firms, which forces the evolution of devices for efficiently monitoring the performance of the entire team and of its individual members" (Fama 1980, S. 289).

Jensen sieht in dem Mechanismus von Produktmärkten abschliessend betrachtet eine ebenfalls disziplinierende Wirkung:

"Competition in the product and factor markets tends to drive prices towards minimum average cost in an activity. Managers must therefore motivate their organizations to increase efficiency to enhance the probability of survival" (Jensen 1986, S. 323).

5. Leitung und Überwachung in Form von CG-Systemen

Die Corporate Governance-Systeme können bezüglich der konkreten Ausgestaltung der Aufsichtsgremien in das dualistisch ausgelegte "Two-Tier-System" und das monistisch verstandene "One-Tier-System" unterschieden werden (Kreitmeier 2001, S. 22). Das dualistische System der

Führung und Kontrolle ist durch eine klare Trennung zwischen Vorstand und Aufsichtsrat geprägt, wohingegen das monistische System nur aus einer Führungsinstanz besteht (Reinisch 2012, S. 12). Diese beiden Systemausprägungen werden aufgrund von kulturellen und standortspezifischen Ausprägungen unterschiedlich aufgebaut und verstanden. Witt behauptet somit im Bezug auf die beiden CG-Systeme folgerichtig:

"Entgegen der möglicherweise ersten Vermutung, dass betriebswirtschaftlich ähnliche Probleme in verschiedenen Unternehmen und Ländern auch ähnlich gelöst werden, ergeben sich in der internationalen Praxis große Unterschiede zwischen einzelnen Corporate Governance-Systemen" (Witt 2003, S. 12).

Zum Ende dieses Kapitels hin wird der Begriff der Überwachung auf Corporate Governance-relevante Spezifika untersucht. In diesem Zusammenhang wird der Prozess der Überwachung abgebildet und analysiert.

5.1 Das dualistische Verwaltungssystem

Die Geschäftsleitung und die Aufsicht über diese ist nach dem dualistischen Verwaltungssystem, anders als beim angelsächsischen monistischen Verwaltungssystem, von zwei Organen abhängig. Das dualistische Verwaltungssystem wird auch als "Two-Tier-System" bezeichnet und findet etwa in Deutschland oder China Anwendung. Die Anteilseigner, als Eigentümer der Kapitalgesellschaft, übertragen nach dem dualistischen Modell somit die Führungs- und Kontrollarbeit als auch die Führungs- und Kontrollverantwortung an die beiden Organe Vorstand und Aufsichtsrat. Im Interesse einer qualifizierten Führung eines Unternehmens obliegt die Geschäftsführung nicht allen Anteilseignern. Die Struktur des Führungsorgans von Aktiengesellschaften in Deutschland ist beispielsweise zwingend nach dem dualistischen System aufgebaut. Das deutsche Recht unterteilt nach § 23 Abs. 5 Aktiengesetz die Aktiengesellschaft zwingend mit drei Organen aus, das aus der Hauptversammlung, dem Vorstand und dem Aufsichtsrat besteht. Der Vorstand vertritt nach §§ 76 Abs. 1, 77 das alleinige Geschäftsführungsorgan und ist nach § 78 des Aktiengesetzes für den Auftritt des Aussenverhältnisses zuständig. Der Aufsichtsrat dagegen überwacht nach § 111 Abs. 2 des Aktiengesetzes als Kontrollorgan die Geschäftsführung. Diese beiden Obliegenheiten sind nach dem Aktiengesetz sowohl personell als auch sachlich voneinander getrennt. Die Anteilseigner, die keine einheitliche Gruppe darstellen, werden als Interessengemeinschaft durch die Hauptversammlung vertreten. Diese üben nach § 118 Abs. 1 des Aktiengesetzes ihre Rechte in den Angelegenheiten der Gesellschaft in der Hauptversammlung aus (Kaiser 2015, S. 22). Der Vorstand ist verpflichtet an den Aufsichtsrat zu berichten. Diese Angelegenheit ist essentiell für eine ordnungsgemäße Kontrolle der Geschäftsführung. Der Vorstand ist weiterhin dazu angehalten die getroffenen Entscheidungen an den Interessen der Stakeholder auszurichten. Namentlich werden hier die Interessen der Öffentlichkeit, der Aktionäre und der Arbeitnehmer genannt (Schmidt 2001, S. 63).

Das im Rahmen der Untersuchung erwartete Spannungsverhältnis zwischen den Organen Vorstand, Aufsichtsrat und Hauptversammlung (aller Aktionäre) kann nach anschliessender Grafik aufgezeigt werden:

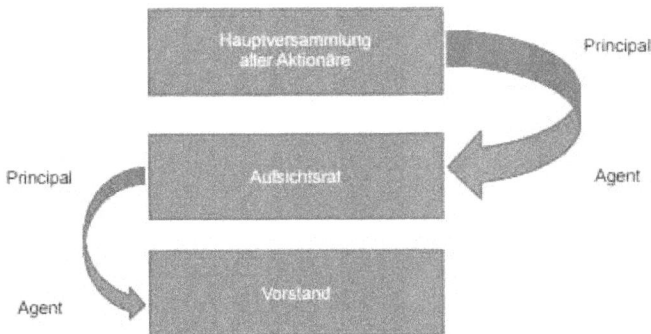

Abb. 8: Das Spannungsverhältnis zwischen Hauptversammlung, Vorstand und Aufsichtsrat (Welge/Eulerich 2014, S. 19)

Nach der Prinzipal-Agenten-Theorie wird erwartet, dass Konflikte zwischen Anteilseignern und Managern bestehen. Das obenstehende Schaubild zeigt die doppelstufige Prinzipal-Agenten-Beziehung im Rahmen des dualistischen Systems und fügt den Aufsichtsrat, der als Kontrollorgan des Vorstands fungiert, in diese Beziehung mit ein (Metten 2010, S. 48 f.). Die doppelstufige Prinzipal-Agenten-Beziehung basiert auf der Interaktion zwischen Aktionären, Aufsichtsrat und Vorstand. Stufe eins wird durch die Beziehung zwischen Aktionären (Prinzipale) und Aufsichtsrat (Agenten) charakterisiert. Die Prinzipal-Agenten-Theorie geht hier davon aus, dass

Informationsasymmetrien und Interessenkonflikte innerhalb der Mitglieder dieser Organe bestehen. Aufgrund der Tatasache, dass die Mitglieder des Aufsichtsgremiums keine eigenen Anteile an der Unternehmung halten, ist es denkbar, dass diese eine Kooperation mit dem Vorstand eingehen und damit die Interessen der Aktionäre ignorieren. Die zweite Stufe dieser Interaktionen besteht aus dem Verhältnis zwischen Aufsichtsrat (Prinzipal) und Vorstand (Agent). Diese Beziehung ist in erheblichem Maße vom Informationsfluss zwischen den beiden Organen geprägt. Hier können Informationsasymmetrien auftreten, weil die Mitglieder des Aufsichtsrats fehlgeleitete oder manipulative Informationen vom Vorstand erhalten könnten. Dieser Umstand erschwert die Überwachung des Vorstands beachtlich. Aus diesen Gründen beruht die Effizienz der Kontrolle durch den Aufsichtsrat vorallem auf der Zusammensetzung und der Interessenunabhängigkeit des Aufsichtsgremiums (Welge/Eulerich 2014, S. 18-19). Die Vorteile des dualistischen Systems allgemeiner Art liegen in der klaren Aufgabenverteilung von Leitungs- und Kontrollaufgaben im Unternehmen. Das dualistische Organisationssystem setzt in Punkto Kontrolle auf die rechtlich selbstständige Stellung des Kontrollorgans, was zu der prägnanten Trennung der im Unternehmen anfallenden Kontrollaufgaben führt: Der Vorstand kontrolliert somit eigenverantwortlich die Umsetzung geschäftlicher Entscheidungen und der Aufsichtsrat überwacht den Vorstand. Des Weiteren bietet das dualistische System Vorteile im Bereich der unabhängigen Überwachung des Vorstands (Lutter 1995, S. 16-17):

"Die organisatorische und rechtliche Selbstständigkeit fördert die Bereitschaft , sich als ein mit eigenen Rechten ausgestattetes Widerlager zur Vorstandskompetenz zu betrachten und auch entsprechend zu handeln" (Lutter 1995, S. 17).

5.2 Das monistische Verwaltungssystem

Das Vereinigungsmodell angelsächsicher Form, auch "One-Tier-Modell" genannt, fokussiert das Board-System, das als alleinstehendes Organ die primären Führungsfunktionen wahrnimmt und somit für die Leitung und Kontrolle im Unternehmen sorgt (Gerum 2007, S. 15).

Das Shareholder Meeting, die Aktionärsversammlung, übernimmt die Wahl des Boards of Directors und zeigt damit dementsprechend die zentrierte Aktionärsorientierung auf. Das Board-System wird unterteilt in Inside-Direktoren und Outside-Direktoren. Während die unternehmensintern agieren-den Inside-Direktoren für die Leitungsfunktionen zuständig sind, werden die Kontrollaufgaben von unternehmensexternen Outside-Direktoren erfüllt. Die Leitung und Vertretung der Gesellschaft ob-liegt ausschliesslich den Inside-Direktoren. Diese Fokussierung begründet somit auch die alterna-tive Bezeichnung der Inside-Direktoren: Managing Directors bzw. Executive Directors (Welge/Eulerich 2014, S. 39-40). Die Outside-Direktoren (non-executive Directors) müssen eigen-verantwortlich dem Unternehmen gegenüber sein, weil sie die Kontrollaufgaben des kompletten Boards zu tragen haben. Der Chief Executive Officer (CEO), als Zentrum der Inside-Direktoren, führt das Unternehmen als Geschäftsführer, während der Chairman of the Board als Vorsitzender agiert (Welge/Eulerich 2014, S. 40). Die Nachteile des monistischen Systems liegen im Bereich der teilweise undurchsichtigen Vorgehensweise der Verantwortlichen. Die Arbeitsfelder der Kontrolle und Führung zerfließen:

"Kritiker dieses Systems sehen in der fehlenden Distanz die größte Schwäche insbesondere auch durch die Machtkonzentration beim CEO bzw. Chairman ot the Board in Personalunion. Allerdings kann man den unmittelbaren Einbezug der Outside-Directors in die Führungs-aufgaben und den damit verbundenen zeitnäheren Informationsaustausch auch als eine Stärke des Systems betrachten" (Welge/Eulerich 2014, S. 40).

5.3 Der Überwachungsbegriff

Der Begriff der Überwachung spielt im Kontext der Corporate Governance, wie bereits erläutert, eine übergeordnete und erhebliche Rolle. Ein Grund dafür liegt in der Tatsache, dass der Begriff bereits in der Kernproblematik der CG-Diskussion verankert ist. Die Trennung von Eigentum und Verfügungsmacht bzw. die Abwicklung von Leitung und Kontrolle innerhalb eines Unternehmens setzt die Begrifflichkeit der Überwachung ins Zentrum der Betrachtung (Witt 2003, S. 1). Im Bereich der betriebswirtschaftlichen Literatur wird der Begriff der Überwachung unterschiedlich aufgefasst und interpretiert. Die artverwandten Bezeichnungen der Kontrolle, Prüfung und Revision werden regelmäßig unter den Begriff der Überwachung subsumiert (Kanavelis 1987, S. 112 ff.). Der weit gefasste Begriff der Überwachung impliziert den Vergleich von Ist-Objekten und entsprechenden Soll-Objekten. Aus dieser Gegenüberstellung resultieren Messungen und Analysen zwecks Auf-deckung möglicher Abweichungen (Grothe 2006, S. 56).

Nach Wysocki kann der Begriff der Überwachung die folgenden Funktionen beinhalten (Wysocki 1988, S. 1):

1) Analyse von realisierten Zuständen oder Aktivitäten und deren Qualität bzw. Quantität (Erfassung des Ist-Zustandes).

2) Feststellung von möglichen (oder auch nur fiktiven) Zuständen und Vorgängen. Diese Analyse kann als Richtlinie auf das Objekt der Überwachung bezogen werden (Ableitungen von Soll-Zuständen).

3) Gegenüberstellung von Ist- und Soll-Objekt und weiterer Analysen bezüglich möglicher auftretender Differenzen.

4) Abschliessende Beurteilung der Befunde und Beginn möglicher Beseitigungsmaßnahmen zwischen Soll/Ist-Zuständen.

Der hier beschriebene Prozess der Überwachung kann nach folgendem Schaubild abgebildet werden:

Festlegung des zu überwachenden
Ist-Objekts und der Toleranzgrenze
bzw. des Ermessensspielraums

Soll-Objekt-
Generierung

Ist-Objekt-
Generierung

Vergleich des Ist-Objekts
mit dem Soll-Objekt

Abweichung — nein

ja

Abweichung außerhalb der
Toleranzgrenze oder außerhalb
des Ermessensspielraums — nein

ja

Ursachenanalyse

Urteilsbildung und
Dokumentation des
Überwachungsergebnisses

Urteilsbildung und
Dokumentation des
Überwachungsergebnisses

Veranlassung des Entscheidungs-
trägers zur Beseitigung der
Soll-Ist-Abweichung

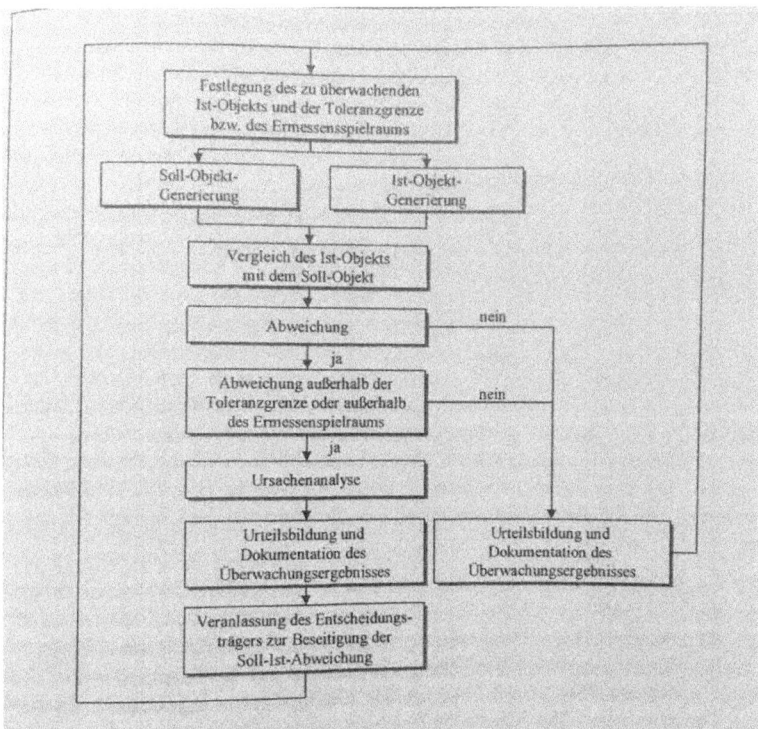

Abb. 9: Der Überwachungsprozess

(Reinkensmeier 1992, S. 41).

Des Weiteren kann der Begriff nach der zeitlichen Erstreckung unterteilt werden. Die Kontrolle steht demnach für eine Überwachung fortlaufender Geschäftsprozesse, die Prüfung bezieht sich auf die Überwachung früherer Tatbestände (Grothe 2006, S. 56). Die Komponenten der Überwachung bestehen aus dem Überwachungsgegenstand, der Überwachungsnorm, dem Überwachungsträger und dem Überwachungsurteil (Lück 1993, S. 1219). Der Überwachungsgegenstand betrifft hier, z.b. nach deutschem Aktienrecht, die "Geschäftsführung" (Grothe 2006, S. 58): Das deutsche Aktiengesetz schreibt vor, dass der Aufsichtsrat den Vorstand überwacht. Die Komponente der Überwachungsnorm knüpft an das Thema der Vergleichsmaßstäbe an. Der Vergleichsmaßstab, auch Soll-Objekt genannt, dient zur Einhaltung seines verbindlichen Charakters (Reinkensmeier 1992, S. 40). Die Überwachungsnormen haben im Prozess der Überwachung eine wichtige Stellung, weil ohne sie kein Überwachungsurteil gefällt werden kann (Grothe 2006, S. 62-63). Das

Überwachungsurteil ist schlussendlich eine Beurteilung der Normentsprechung des Ist-Objekts (Grothe 2006, 67). Loitlsberger differenziert die nachstehenden Urteilsgrößen (Loitlsberger 1966, S. 82):

1) Alternativurteile beruhen auf der Unterscheidung zwischen einem "guten" und "schlechten" Urteil.

2) Gradurteile bestehen aus Erkenntnissen, die sich einer Rangfolge anschliessen.

3) Quantitätsurteile bewerten Resultate des Erkenntnisgewinnungsprozesses.

Die Funktionen der Überwachung können drei Zustände annehmen, die in die Korrekturfunktion, die Präventiv- und die Entlastungsfunktion aufgeteilt werden können.

1) Korrekturfunktion:

Die Korrekturaufgabe basiert auf der Funktion gegensteuernder Maßnahmen. Die Effizienz der Korrekturfunktion bestimmt sich durch die Informationslage des Aufsichtsrats. Innerhalb der Korrekturfunktion werden laufende und zukünftige Eingriffe differenziert.

2) Präventivfunktion

Die Präventivfunktion dient einer psychologischen Anreizwirkung der Überwachung des Vorstands, die vom Aufsichtsrat ausgeht (Dreist 1980, S. 79). Grothe beschreibt die Wirkung dieser Anreizwirkung folgendermaßen:

> "Aufgrund der Tatsache, dass der Vorstand von der Überwachung seiner Arbeit weiß, entwickelt dieser ein Bewusstsein, gezielt Fehler zu vermeiden. Der hier angesprochene prophylaktische Aspekt kommt jedoch nur dann zur Geltung, wenn sich der Vorstand einer vollinhaltlichen Überwachung durch den Aufsichtsrat bewusst ist und dieser von seinem Recht, gegensteuernd einzuwirken, auch konsequent Gebrauch macht" (Grothe 2006, S. 69).

Die Präventivfunktion der Überwachung bietet jedoch nur so lange einen Nutzen, bis die Überwachungsintensität nicht zu stark wirkt. Im Falle einer zu extensiv wahrgenommen Überwachung des Vorstands durch den Aufsichtsrat kann Misstrauen und Einmischung zu weiteren Konflikten führen

(Staudinger 1986, S. 129).

3) Die Entlastungsfunktion

Die Entlastungsfunktion hilft den Managern ihr Handeln abzusichern. Die Überwachungshandlungen des Aufsichtsrats senden somit Signale in Richtung des Vorstands aus, dass sie mit der Qualität der Vorstandsleistung zufrieden ist (Gollnick 1997, S. 85). Theisen beurteilt diese Funktion nachfolgend:

> *"Die ursprünglich auf der Grundlage unvollkommener und unsicherer Informationen getroffene Entscheidung der Handelnden wird nachträglich, im Verlauf bzw. bereits vor der Realisierung bestätigt" (Theisen 1987, S. 33).*

6. Die Grundlagen & der Entwicklungspfad der Corporate Governance in der VR China

Die Grundlage und der Entwicklungspfad der Corporate Governance in der Volksrepublik China beruht auf der bedeutenden Historie dieses Landes. Das folgende Kapitel basiert deshalb spezifisch auf Corporate Governance-relevanten wirtschaftsgeschichtlichen Abschnitten der VR China. Abschliessend wird die chinesische Wirtschaftsstruktur und das chinesische Corporate Governance-System im Detail beschrieben.

6.1 Die Wirtschaftsgeschichte der VR China ab dem Jahre 1949

Die Wirtschaftsgeschichte Chinas hat mit der Gründung der Volksrepublik im Jahre 1949 und der Machtübernahme von Mao Zedong tiefgreifende Veränderungen erfahren. Dieser geschichtliche Prozess ab dem Jahre 1949 steht im Folgenden im Fokus.

6.1.1 Die Jahre 1949-1978

Die Gründung der Volksrepublik China erfolgte am 01.10.1949 durch Mao Zedong. Die Herrschaft Maos war auf wirtschaftlicher und politischer Ebene von drei Leitfundamenten, die auch als die "drei Säulen des Landes" bezeichnet wurden, geprägt (Pilny 2005, S. 87):

1) Die Führerschaft der Kommunistischen Partei Chinas

2) Die Regierung

3) Die Macht der Volksbefreiungsarmee

Der Staat befand sich zum Zeitpunkt der Gründung der Volksrepublik in einem wirtschaftlich desolaten Zustand: Große Teile des Landes litten unter der Jahrzehnte langen Besatzung, die von Kriegen und Zerstörung begleitet wurde. Folge dieses Zustandes war, dass weder eine einheitliche Verwaltung und Währung, noch eine der Größe des Landes entsprechende Infrastruktur vorhanden war (Pilny 2005, S. 87). Im Irrglauben der Möglichkeit einer erfolgreichen Formung des Staates entschloss sich Mao mithilfe von fünf Kampagnen die Wirtschaft und Gesellschaft zu reformieren: In einer ersten Kampagne der Bodenreform sollte die "feudalistische Gefahr" der Großgrundbesitzer eliminiert werden. Weitere Kampagnen waren rein innenpolitischer Natur und richteten sich gegen die "Kontrarevolutionären" und "Kapitalisten", die aus dem Lager der Guomindang übrig geblieben waren. Fokus dieser Kampagne waren somit die städtischen Unternehmer, die in Maos Augen für Veruntreuung und Verrat von Staatsgeheimnissen verantwortlich waren. Die fünfte Kampagne, die im November des Jahres 1951 initiiert worden war, widmete sich der „Refomierung des Denkens", also der Kritik an den Intellektuellen (Pilny 2005, S. 88).

Am 01.10.1953, dem vierten Jahrestag der VR China, wurde die weitere Umgestaltung des Landes vorangetrieben: Der erste Fünfjahresplan fokussierte die Schwerindustrie und vernachlässigte die Agrarwirtschaft: Schätzungsweise 80% der inländischen Ressourcen flossen in den Ausbau der Industrie, wobei nur ca. 10% in die Landwirtschaft investiert wurden. Die Landwirtschaft, von der etwa 80% der Bevölkerung lebte, spielte demgemäß in den Plänen Maos zunächst keine priorisierte Rolle. Folgen dieser Maßnahmen waren erneute Hungersnöte, eine zunehmende Arbeitslosigkeit und die Landflucht (Pilny 2005, S. 89). 1958 begann der "Große Sprung nach vorne", der den Kommunismus in der Gesellschaft festigen sollte. Ziel dieser politischen Aktion war die Abschaffung jeglichen Privateigentums im ganzen Land. Durch schwerwiegende Fehler der Bewirtschaftung des Landes und fehlgeleiteten Investitionen in Infrastrukturprojekten endete das Jahr 1959 in großen Hungersnöten, die vor allem Millionen von Bauern das Leben kostete (Pilny 2005, S. 91). Die im Jahre 1966 beginnende "Kulturrevolution" nutzte Mao zur Stärkung seines Personenkultes und der Beseitigung seiner Feinde:

"Staatspräsident Liu Shao und der Generalsekretär der KPC, Deng Xiaoping wurden ent-
lassen, Schulen und Universitäten im ganzen Land geschlossen. Schüler und Studenten
organisierten sich und gingen gegen die bürgerliche Kultur und die Intellektuellen vor,
unzählige Denkmäler, Klöster, Tempel aber auch Privatwohnungen, Kunstsammlungen,
Bücher und Antiquitäten wurden zerstört und geplündert. Zehntausende von Hochschul-
lehrern, Schriftsteller und alle, die als bourgeois oder intellektuell galten, wurden gequält,
gedemütigt und getötet" (Pilny 2005, S. 92).

Die Ära Mao Zedongs endete am 09.09.1976 mit seinem Tode und kann aus wirtschaftlicher Perspektive als gescheitert betrachtet werden, da das Land keine Impulse von Wachstum austrahlen
konnte. Das strikte Festhalten Maos an seiner kommunistitischen Leitlinie führte zu einem Stillstand
der inländischen Privatwirtschaft und einem Erliegen jeglicher Öffnungsinitiativen für Neues.
Wang beschreibt die Epoche der Regentschaft Mao Zedongs unter wirtschaftsgeschichtlichen
Aspekten abschliessend kurz und bündig:

"This stage could be called "Mao, Ze-dong's time", during which most Chinese companies
were entirely people-owned (or state-owned), until the 3rd Chinese Communist Party's 11th
congress in 1978. Following the Soviet Model, government bureaucrats ran all factories,
mines, and shops, with the minor exception of shoe and bike repair shops. Government
power expanded along with state economic control, reaching heights unparalled in China's
long history. Internally, enterprises had no power of decision-making, no incentive system,
no BoDs, SB, no need of having "core competence". Externally, there was no stock ex-
change, nor market competition, nor existing Company Law" (Wang 2006, S. 27).

6.1.2 Die Jahre 1978-heute

Der politische Zustand, den Mao Zedong nach seinem Tode im September des Jahres 1976
hinterließ, führte zwangsläufig zu einem Umdenken in der Partei. Im wirtschaftlichen Bereich hatte
der Staat unter Mao die gesamte Kontrolle übernommen und damit die Kräfte des Marktes und die
persönlichen Anreizsysteme der Bevölkerung unterdrückt. Einzig die Entwicklung der Schwerindustrie aus verteidigungspolitischem Antrieb genoß die bevorzugte Entfaltung. Der Aussenhandel
hatte sich durch die Abschottung der VR China erheblich minimiert, weil auch Maßnahmen wie ein

Verbot von ausländischen Direktinvestitionen ihren Teil dazu beitrugen (Dabringhaus 2009, S. 157).

Der Reformprozess zum Ende der 1970er Jahre zwang die Regierung das Land einer Umstrukturierung zu unterwerfen, ohne jedoch dabei die politische und soziale Stabilität zu verlieren. Weitere Hindernisse lagen im politischen Zentrum selbst verankert, weil die Staats- und Parteiführung im Nachgang der Kulturrevolution immenser gesellschaftlicher Spannungen ausgeliefert war, die nur durch wirtschaftspolitische Lenkungen Überwindung zu scheinen finden konnten (Ten Brink 2013, S. 81). Die 1978 eingeleitete Öffnungs- und Modernisierungspolitik unter Deng Xiaoping war dem vornehmlichen Ziel der Steigerung der wirtschaftlichen Leistungsfähigkeit des Systems verpflichtet (Schmidt-Glintzer 2008, S. 238). Vogelsang stellt die Leitmotive des Reformprozesses unter Deng Xiaoping folgerichtig dar:

"Die Wirtschaftsreformen der 1980er Jahre begannen nicht mit Kollektivierung, sondern mit Individualisierung, nicht mit Massenkapagnen, sondern mit Privatinitiativen, sie standen unter dem Primat der Ökonomie, nicht der Politik, und wollten die Gesellschaft differenzieren, nicht nivellieren" (Vogelsang 2012, S. 583).

Zum Ende des Jahres 1978 setzten sich Deng Xiaoping und seine Anhänger auf der Vollversammlung des 11. Zentralkomitees der Kommunistischen Partei Chinas als neue Führungsorganisation durch. Die Einführung noch relativ unentschlossener wirtschaftspolitischer Prozesse folgte ein Jahr später (Ten Brink 2013, S. 103). Bemerkenswert dabei ist, dass der Zeitraum ab dem Jahre 1978, auch als Transformationsprozess bezeichnet, den Übergang vom Plan zum Markt kennzeichnet (Ten Brink 2013, S. 37). Diese Veränderungsprozesse waren nicht nur in China präsent, sondern auch in weiten Teilen der restlichen Staaten auf der Welt:

"Die Veränderungen der 1970er - das Ende des »Wirtschaftswunders«, die Krise des westlichen Fordismus und Stagnationstendenzen an der »Peripherie« - bildeten weltweit die Grundlage der Wirksamkeit neoliberaler Diskurse. Das betraf auch die Entwicklungs- und Schwellenländer. Galt im Westen der Keynesianismus als gescheitert, wurden in vielen weniger entwickelten Ländern bestimmte Versionen der Entwicklungstheorie und der stalinistischen Kommandowirtschaft als erledigt betrachtet" (Ten Brink 2013, S. 104).

Der eingeleitete Reformkurs bestand aus vier Grundprinzipien, die Deng zielstrebig verfolgte:

"Erstens sah Deng das Ziel eines raschen Wirtschaftswachstums auf globaler Ebene durch den Wandel von einer extensiven zu einer intensiven Entwicklung bestimmt. Nicht eine Erhöhung der Produktionskapazität sollte China ein Wirtschaftswachstum ermöglichen, sondern die Einführung neuer Produktionstechnologien. Das dazu notwendige Kapital, das Managementwissen und die Technologie ließen sich nur durch eine Integration in den Weltmarkt erlangen. Dies hatten die Erfahrungen der erfolgreichen Nachbarn Südkorea, Taiwan, Hongkong und Singapur gezeigt" (Dabringhaus 2009, S. 161).

Das zweite Grundprinzip bestand darin, das unter Mao verloren gegangene Vertrauen der Bevölkerung in die Partei wiederherzustellen. Dies sollte durch die Verbesserung der Lebensstandards der Gesellschaft ermöglicht werden. Drittens festigte Deng mit Entschlossenheit die Macht der Kommunistischen Partei. Das vierte Grundprinzip folgte dem Entschluss der Festigung des internationalen Umfelds. Dabei fokussierte er Investitionen in die industrielle Entwicklung, anstatt in das Militär (Dabringhaus 2009, S. 162).

Die Öffnungs- und Liberalisierungspolitik unter Deng Xiaoping wurde im Jahre 1979 durch weitere Anstregungen in der Aufnahme diplomatischer Beziehungen zu den USA begleitet. Des Weiteren wurde ein Joint-Venture-Gesetz erlassen, das die Handhabung der Handlungsspielräume der ausländischen Kapitalbeteiligungen regeln sollte. Die Entwicklung der Wirtschaft stand somit im Zentrum aller Reformbestrebungen. Diese Entwicklung wurde durch die Errichtung von Sonderwirtschaftszonen, unter Mao noch undenkbar, und dem damit erhofften Zugang zu ausländischem Kapital begleitet (Schmidt-Glintzer 2008, S. 238).

Das Gabler Wirtschaftslexikon definiert den Begriff der Sonderwirtschaftszone wie folgt:

"Free Production Zone, Investment Promotion Zone; abgegrenztes, meist physisch gesichertes Gebiet innerhalb des Wirtschaftsraumes eines Staates, für das zoll-, steuer- und andere rechtliche Sonderbestimmungen und administrative Vergünstigungen gelten für Güter, die nicht in den inländischen Warenverkehr gebracht werden"
(Gabler Wirtschaftslexikon o.J., o.S.).

Die folgende Grafik visualisiert die rot gekennzeichnetenen Lokationen der Sonderwirtschaftszonen im Jahre 1980:

Abb. 10: Die chinesischen Sonderwirtschaftszonen der 1980er Jahre (info2china o.J., o.S.).

Die Anfangsjahre (1979-1983) der Regentschaft Deng Xiaopings waren durch Agrarreformen, einer Dezentralisierung des Finanzsegments und der Öffnung der Aussenwirtschaft geprägt. (Dabringhaus 2009, S. 157-158). Die Phase der Jahre 1983 und 1984 fokussierte die Dezentralisierung der landwirtschaftlichen Produktion. Diese Reformmaßnahmen schlossen ab dem Jahre 1984 auch den industriellen Sektor mitein. Die Öffnung des Landes für ausländisches Kapital als auch die Genehmigung marktwirtschaftlichen Handels erzeugten aussergewöhnliche Produktivitätssteigerungen. Die Kehrseiten dieses Aufschwungs waren jedoch auftretende Probleme im Bereich der ansteigenden Arbeitslosigkeit in weiten Teilen der Landbevölkerung durch die Mechanisierung der

Landwirtschaft, der unzureichenden Produktivität der Staatsunternehmen und der schwankenden Kreditverhältnisse (Schmidt-Glintzer 2008, S. 240). Erste Erfolge der Reformen wurden zwischen 1984 und 1988 deutlich wahrgenommen. Die Umwandlung der Staatsbetriebe und die Entfaltung der Privatwirtschaft trugen zu diesem Optimismus bei. Rasante Erfolge konnten zunächst in der Landwirtschaft erzielt werden, nachdem in den Jahren 1979-1984 die Volkskommunen aufgelöst wurden. Die Produktionen der Agrargüter waren somit wieder in die Familienbetriebe zurückgeflossen. Eine Folge daraus war, dass die Agrarproduktion in diesem Zeitraum von ca. 320 Millionen Tonnen auf 407 Millionen Tonnen im Jahre 1984 anwuchs. Den Bauern war es fortan erlaubt Land zu pachten und ihre Ernte eigenständig auf Märkten zu vertreiben (Dabringhaus 2009, S. 174). Das Jahr 1984 kennzeichnete auch die langsame aber erfolgreiche Entfaltung der Privatbetriebe. Die Staatsbetriebe, die bis dato für ca. 75% der industriellen Produktion aufkamen, waren jedoch so stark in der sozialistischen Gesellschaft verankert, dass die Umwandlung dieser sich als sehr komplex gestaltete (Vogelsang 2012, S. 584). Vogelsang deutet die Abhängigkeit der Gesellschaft von den Staatsbetrieben auf folgende Weise:

„Sie waren ein wesentlicher Teil der sozialistischen Gesellschaft. Mehr als alles andere standen die Staatsbetriebe für Planwirtschaft und Vater Staat, der sich um alle Belange seiner Untertanen kümmerte: sie in Arbeitseinheiten gruppierte und von der Wiege bis zur Bahre umsorgte" (Vogelsang 2012, S. 584).

Das "sozialistische Urgestein" erfuhr durch die weiteren Entwicklungen und der Reformen starken Widerstand. Ähnlich dem Vorgehen auf dem Lande wurden die Manager in den Unternehmen fortan in die Pflicht genommen eigenständige Verantwortung für ihre Produktion zu übernehmen. Vorgeschrieben war, dass eine Planmenge an den Staat zurückgegeben werden musste , jedoch überwog die übrige gebliebene Produktion, die auf dem Markt veräußert werden konnte (Vogelsang 2012, S. 585). Die sich langsam aber stetig vollziehende Wandlung hin zu einer marktwirtschaftlich geprägten Wirtschaft konnte weiterhin an folgenden Aspekten beobachtet werden (Vogelsang 2012, S. 585):

1) Die Möglichkeit der Reinvestition erzielter Gewinne durch Mitarbeiter

2) Prämienausschüttung für die Mitarbeiter

3) Die Gründung städtischer Privatunternehmen

4) Die Freigabe von Marktpreisen

5) Die Einführung von Einkommenssteuern

Abschliessend kann geurteilt werden, dass die politischen und wirtschaftlichen Grundsätze der weiteren Führungsgenerationen der VR China als Fortführung der von Deng eingeleiteten Politik gesehen werden können: "Von Stein zu Stein tastend den Fluß überqueren" hatte Deng mit dem Beginn der Reformen propagiert und somit den Grundstein der weiteren Dekaden gelegt (Kuntze 2014, S. 41). Die Errichtung von Sonderwirtschaftszonen und der Import ausländischen Kapitals und Managementwissens hatte zu Chinas Stärke der Moderne beigetragen. Kuntze sieht damit die aus Chinas Sicht wichtige Abkehr vom Sozialismus marxistischer Merkmale:

"Daß seine Reformen die Volksrepublik letztlich immer weiter vom Sozialismus marxisti-scher Prägung entfernten, war sicher nicht Dengs Absicht, aber die logische Konsequenz seines pragmatischen Vorgehens, die Wahrheit in den Tatsachen und nicht wie die Linken in den Dogmen der Lehrbücher zu suchen" (Kuntze 2014, S. 41).

Weiterhin beurteilt Kuntze den Kontrast des Handelns zwischen Mao und Deng so:

"Im Gegensatz zu Mao war er weder ein Theoretiker noch der Verfechter eines roman-tisch-utopischen Gesellschaftsmodells, sondern ein »industrieller« Denker, der sich in bezug [sic!] auf Technik, Wissenschaft und Management stets den neuesten Stand be-richten ließ" (Kuntze 2014, S. 42).

Nach dem Tode Deng Xiaopings im Februar 1997 wurde Jiang Zemin, als dritte Führungsgenera-tion der VR China, zum Generalsekretär der Kommunistischen Partei als auch zum Staatpräsi-denten und Vorsitzenden der Zentralen Militärkommission ernannt. Weiteren Aufschwung erlebte die VR China im Jahre 2001 durch den Beitritt zur Welthandelsorganisation (WTO), der dem chinesischen Außenhandel neue Impulse versetzte (Vogelsang 2012, S. 603). Abschliessend sei Vogelsang zu zitieren, der weitere interessante ökonomische Aspekte Chinas Wirtschaft hinzufügt:

"Chinas Wirtschaft wuchs auch im letzten Jahrzehnt alljährlich um mindestens 8%, und kein Land außer den USA zieht mehr ausländische Direktinvestitionen an. Seit China 2001

der World Trade Organization (WTO) beigetreten ist, sind viele Importzölle gefallen, was

Chinas Außenhandel weiter stimulierte: 2009 löste es Deutschland als »Exportweltmeis-

ter« ab. China verfügt mit über zwei Billionen Dollar über die höchsten Devisenreserven

der Welt, es ist seit 2011 der weltweit größte Energieverbraucher, konsumiert mehr Kohle

und Stahl als jedes andere Land und hat den größten Markt für Kraftfahrzeuge – allein in

Beijing werden täglich 2500 Neuwagen zugelassen. 2010 löste China Japan als zweit-

größte Wirtschaftsnation der Welt ab" (Vogelsang 2012, S. 603).

6.2 Die Entwicklung der Corporate Governance in China

Die Entwicklung der Corporate Governance in China beruht auf der als besonders zu bezeich-
nenden Kultur und der Ausstrahlungskraft des Staates auf die Wirtschaft. Das Corporate Governance-System der VR China und der explizite Aufbau dieses stehen hier im Vordergrund.

6.2.1 Die Wirtschaftsstruktur in der VR China

Eine Klassifizierung der Unternehmen in China erfolgt überwiegend durch die Unterscheidung der
Inhaber. Hiernach werden staatseigene, kollektive und private Unternehmen differenziert. Des
Weiteren in feststellbar, dass die Entfaltung des Rechtssystems und das Prosperieren der Marktwirtschaft zu einer Differenzierung der Unternehmensrechtsformen geführt haben. Hier können
beispielsweise die GmbH und die AG unterschieden werden. Auffallend dabei ist, dass die Unter-
teilung der Betriebe nach ihren Inhabern eine weiterhin gängige Art der Unternehmensaufgliede-
rung darstellt (Ding 2011, S. 29). Staatseigene Unternehmen sind Gesellschaften, die im Eigentum
des Staates liegen und von diesem finanziert werden. Eine Besonderheit stellen in diesem
Zusammenhang die ausschliesslich vom Staat konstituierten und gelenkten Gesellschaften dar. Mit
Kollektivunternehmen werden Gesellschaften beschrieben, die einem gewissen Personenkreis
zugeordnet werden. Diese Unternehmen unterliegen den Bestimmungen der Verordnung der städtischen kollektiven Betriebe und können folgendermaßen charakterisiert werden:

"Der § 4. Die Verordnung der städtischen kollektiven Betriebe bestimmt, dass städtische

kollektive Betriebe Unternehmen im Eigentum der arbeitenden Bevölkerung sind, in denen

Arbeiter zusammen arbeiten und die Verteilung des Gewinns im Verhältnis zur investierten

Arbeit durchgeführt wird. Der § 18 der Verordnung der ländlichen kollektiven Betriebe re-

gelt, dass Eigentümer der Betriebe alle Bauern des Gebietes sind, in dem die Betriebe

gegründet wurden" (Ding 2011, S. 30).

Die von der Regierung initiierten Wirtschaftsreformen ab dem Jahre 1992 führten zu weiteren Veränderungen der Kollektivbetriebe und der Wandlung dieser in Privatbetriebe. Hintergrund dieser Entwicklung war u.a die Festellung, dass sich die Wettbewerbsvorteile und Erlöse der Kollektivunternehmen, die ehemals in staatlicher Hand lagen, verringerten. Die Reformen der Kollektivunternehmen führten dazu, dass die Eigentumsrechte sich auf einige wenige Personen begrenzten (Ding 2011, S. 31). Die Privatunternehmen sind ein Produkt der Reformbestrebungen und der Öffnungspolitik und setzen sich aus ehemaligen staatseigenen und kollektiven Betrieben zusammen. (Ding 2011, S. 32). Der hohe Anteil der staatseigenen und vom Staat beherrschten Aktiengesellschaften stellt ein Charakteristikum des chinesischen Corporate Governance-Modells dar. Diese Eigenheit ist auf die Unternehmensstrukturreformen Anfang der 90er Jahre zurückzuführen, die zur großflächigen Umwandlung der staatseigenen Betriebe in die Form der Aktiengesellschaften führten. Ding merkt somit folgerichtig an:

> *„Diese Daten verdeutlichen, dass staatseigene und vom Staat beherrschte Aktiengesellschaften immer noch das Rückgrat der Aktiengesellschaften in China sind. Dieses Phänomen ist allgemein als „Dominanz der Staatsaktien" (一股独大) bekannt und ist auf die Umwandlung der Planwirtschaft zur Marktwirtschaft zurückzuführen" (Ding 2011, S. 33).*

Der Leitgedanke der chinesischen Regierung beruht auf dem System der sozialistischen Marktwirtschaft und der Fokussierung auf das Staatseigentum. Die Ausgestaltung von Deregulierungen und Liberalisierungen gewährleisten den Machterhalt der kommunistischen Partei und zielen auf die Kontrolle großer Unternehmen durch die Überwachung der Zentral- und Lokalregierungen. Statistiken, die den Anteil der Staatsunternehmen an der chinesischen Gesamtproduktion zeigen, sind nur schwer zu beziehen. Ein Grund dafür liegt in der Tatsache, dass die chinesische Statistik nur die staatseigenen Unternehmen dokumentiert, die im Bereich von ca. 100% dem Staate gehören (Binding/Pißler 2016, S. 6). Diese Gesellschaften werden "staatseigene Alleinkapitalgesellschaften" bezeichnet. Das Alleinstellungsmerkmal dieser Form von Gesellschaft liegt hierbei in der nicht vorhandenen Anteilseignerstreuung: Der Staat ist der einzige Aktionär (Pißler 2014, S. 269).

Es wird vermutet, dass der Staat bei ca. 70% aller Unternehmen im produzierenden Gewerbe die Hauptanteile hält. Des Weiteren kann davon ausgegangen werden, dass der Staat auch bei den Unternehmen, die nicht im vollen Besitz des Staates stehen, eine verstärkte Kontrolle ausübt:

"Denn auch dann können Grundsatzentscheidungen staatlich gesteuert und Schlüsselpositionen in den Unternehmen parteipolitisch besetzt werden" (Binding/Pißler 2016, S. 6).

Bezeichnend ist die starke Stellung des Staates in den folgenden ausgewählten chinesischen Industriezweigen zu finden: Medien, Versicherungswesen, Tabak-Industrie und das Verkehrssystem. Hier kann von einer Monopolstellung des Staates die Rede sein (Duan/Saich 2014, S. 14 ff.). Die Einflussnahme des Staates im Bereich weiterer Wirtschaftsbranchen erfolgt überwiegend durch Subventionen:

"Die Zentral- und auch viele Provinzregierungen erklären die Automobilindustrie, Chemie, Stahl, Solar- oder auch die Flugzeugbauindustrie zu Schlüsselindustrien und subventionieren sie entsprechend. Die Banken, ebenfalls in staatlicher Hand, tragen zum Erfolg der Staatsbetriebe bei, indem sie die Betriebe großzügig mit Krediten versorgen. Und das zu einem Einheitszinssatz, den wiederum die Zentralbank vorgibt" (Lee 2012, o.S.).

Eine weitere Besonderheit der Gesellschaften in China stellen die Vielzahl der Privatunternehmen dar, deren Eigentumsverhältnisse nicht abschliessend zu beurteilen sind. Oft sind diese nach hierarchischer Struktur und Vorbild der staatlichen Betriebe aufgebaut und geführt. Daraus resultieren Kontrollmaßnahmen des Staates, die sich auf die Kernpositionen innerhalb der großen Unternehmen beziehen. Diese Schlüsselpositionen werden von parteinahen Funktionären besetzt, so dass die Gestaltung der Produktion ebenfalls staatlicher Beherrschung unterliegt (Binding/Pißler 2016, S. 7). Kennzeichen dieser staatszentrierten Entwicklung waren bereits ab dem Jahre 1949, der Gründung der VR China, festzustellen. Ding bewertet diese politische Kraft im Prozess der chinesischen Wirtschaftsentwicklung folgerichtig:

"Seit der Gründung der Volksrepublik China war die Konjunktur Chinas jeweils stark von der herrschenden politischen Richtung abhängig. Im Verhältnis von Politik und Wirtschaft, bzw. Politik und Geschäftstätigkeiten hatte die politische Macht in China immer die Oberhand. Die Unternehmensstrukturreform und andere Wirtschaftsreformen wurden alle von der Politik angestoßen und gefördert. Solche Reformen werden von Chinesen erwartet, da sie gegen die Verlustsituation der staatseigenen Betriebe wie „eine gute Medizin" wirken sollen" (Ding 2011, S. 55).

Die Reformmaßnahmen des Aktienbesitzes stießen an Grenzen, die der Staat politisch zu lenken versuchte. Das Aufkommen der ersten Aktienmärkte in der VR China Anfang der 1990er Jahre führte auch zu dem staatlichen Entschluss, dass Staatsaktien differenziert werden sollen. Die Differenzierung verhinderte somit das Handeln der Staatsaktien an der Börse. Ziel war es dabei kein staatliches Kapital zu verlieren. Weiterhin war der Staat gewillt, wichtige Branchen, die als "Lebensgrundlage" des Volks angesehen wurden, zu monopolisieren (Ding 2011, S. 56). Die Reformmaßnahmen wurden opportunistisch zum Zwecke der staateigenen Betriebe genutzt:

"Bis heute stellen der Ausbau der Zentralunternehmen und ihre vollständige Börsennotierung ausnahmslos diese politische Tendenz dar. Außerdem scheint es auch so zu sein, dass sich diese politische Tendenz über einen langen Zeitraum nicht verändern wird, was wiederum stark von der politischen Macht der kommunistischen Partei abhängt" (Ding 2011, S. 56).

6.2.2   Das chinesische Corporate Governance-System

"On the afternoon of May 10, 2013, in the Finance District of Beijing, a spokesman for the China Securities Regulatory Commission (CSRC), China's capital market watchdog, announced the punitive measures taken by CSRC against suspects involved in the Wanfu Biotechnology scandal. During the period from 2008 to 2010, the company had over-reported its sales and profits by RMB 740 million and RMB 180 million respectively. As a result, the company's IPO application was approved by CSRC and it successfully went public in the Shenzhen Stock Exchange on September 27, 2011. The financial fraud committed by Wanfu Biotechnology was eventually uncovered by CSRC in September

2012—one year after its public floatation. Despite the severe damage the Wanfu Bio-technology scandal had caused, CSRC's punitive announcement shocked everyone— the final punishment for Wanfu Biotechnology was extremely light—a fine of RMB 300,000. Out of the concern that suspending the trading of the company's stock might cause further turmoil in the capital market, CSRC even allowed the stock of Wanfu Biotechnology to continue trading, explaining, "It has not violated conditions for trading suspension." The Wanfu Biotechnology episode sparked a heated debate on the Chinese listed companies' corporate governance practices. "With corporate governance practices like Wanfu Bio-technology, how should we expect the Chinese listed companies to deliver fair returns to their shareholders?"" (Liu 2016, S. 103).

Das chinesische Unternehmen "Wanfu Biotechnology" dient als Beispiel von negativ praktizierter Corporate Governance. Im Jahre 2013 veröffentlichte die chinesische Wertpapieraufsichtskom-mission, dass das Unternehmen im Zeitraum 2008-2010 seinen Umsatz und Gewinn derartig ma-nipulierte, dass ihnen im Irrglauben der Wertpapieraufsichtskommission die Börsenersteinführung in Shenzhen genehmigt worden war. Trotz Aufdeckung dieser hochgradig manipulativen Ge-schäftsgebaren, es waren 740 Millionen RMB zu viel an Umsatz ausgewiesen worden, wurde der weitere Handel der Aktien, aus Sorge der Herbeiführung weiterer Turbulenzen am Kapitalmarkt, nicht unterbunden. Außergewöhnlich war weiterhin, dass die Wanfu Biotechnology lediglich 300 000 RMB an Strafe zahlen musste, was nur einen Bruchteil der Umsatzmanipulation ausmachte. Folge dieses Skandals waren heftige Debatten über die Corporate Governance- und Ge-schäftspraktiken der chinesischen börsennotierten Unternehmen. Trotz schädlichem Verhalten des Managements der Wanfu Biotechnology in diesem Falle kann aber nicht seriös behauptet werden, dass die kriminelle Energie in Staaten wie der VR China größer sei als in anderen Staaten dieser Welt. Rudolf und Tester weisen jedoch darauf hin, dass die Strukturen in der Wirtschaftspraxis in China Manipulationen zumindest erleichtern:

"Aber die Ressourcen der Behörden und die Wirksamkeit ihrer Massnahmen, kriminelle Machenschaften zu entlarven, sind kleiner. Wird dann ein Übeltäter ertappt, kann er den Justizapparat viel eher nach eigenem Wunsch beeinflussen als in hoch industrialisierten Ländern. Deshalb ist die Wahrscheinlichkeit, dass die ausgewiesenen Unternehmens-

zahlen die Wahrheit schönen, höher als in anderen Märkten" (Rudolf/Tester 2016, S. 191).

Die Corporate Governance-Diskussion in China sieht sich gegenwärtig nicht nur aufgrund oben beschriebener Vorkommnisse einigen Problemfeldern konfrontiert. Ursachen der ungenügenden Durchsetzung von Vorschriften werden oftmals im Mangel der unabhängigen Rechtsprechung und der Intransparenz von Entscheidungen der Regierung und des Regulators gesehen. Abgesehen von der staatlichen Macht, die in vielen Unternehmen präsent ist, wird in den Privatunternehmen häufig auf dominante Gründer und Geschäftsführer gesetzt, die hinsichtlich der Leitung ihrer Unternehmen mit den "modernen" Corporate Governance-Mechanismen nicht in Einklang zu bringen sind. Staatlich kontrollierte Unternehmen in China weisen u.a. Mängel auf, die im Bereich der mangelnden Transparenz des Aufsichtsrates oder den fehlenden Erläuterungen des Managements bezüglich Finanzdaten angesiedelt sind (Rudolf/Tester 2016, S. 189).

Rudolf und Tester behaupten im Bezug auf die Besonderheit der chinesischen Corporate Governance-Praxis, der starken Stellung des Staates in vielen börsennotierten Unternehmen, folgerichtig:

"Staatsunternehmen wären prädestiniert, hinsichtlich der Corporate Governance eine Vorreiterrolle zu übernehmen. Aber noch sind nicht alle weit genug von den alten Verhaltensmustern abgerückt" (Rudolf/Tester 2016, S. 189).

Die "Asian Corporate Governance Association" (ACGA), eine unabhängige und gemeinnützige Organisation, die sich für die Zusammenarbeit mit Investoren, Unternehmen und Regulierungsbehörden bei der Umsetzung effektiver Corporate Governance-Praktiken in ganz Asien einsetzt, veröffentlichte im Jahre 2014 den neunten "Corporate Governance Watch", eine statistische Erhebung über die Corporate Governance-Praxis in asiatischen börsennotierten Unternehmen: (Asian Corporate Governance Association o.J., o.S.).

Market scores: 2010 to 2014

(%)	2010	2012	2014	Chg 2012 to 2014 (ppts)	CG reform trend
1 = Hong Kong	65	66	65	(1)	Weak leadership, tough enforcement
1 = Singapore	67	69	64	(5)	International versus local contrast continues
3 Japan	57	55	60	5	Landmark changes, can they be sustained?
4 = Thailand	55	58	58	-	Improving, but new legislation needed
4 = Malaysia	52	55	58	3	Improving, but still too top-down
6 Taiwan	55	53	56	3	Bold policy moves, can they be sustained?
7 India	48	51	54	3	Bouncing back, Delhi more supportive
8 Korea	45	49	49	-	Indifferent leader, more active regulators
9 China	49	45	45	-	Focus on SOE reform, enforcement
10 = Philippines	37	41	40	(1)	Slow reform, improved company reporting
10 = Indonesia	40	37	39	2	Big ambitions, can they be achieved?

Abb. 11: Statistik: Die Corporate Governance-Praxis in asiatischen börsennotierten Unternehmen (Asian Corporate Governance Association 2014, o.S.).

Auffallend an obigem Schaubild ist zunächst, dass China im Jahre 2014 auf Rang neun dieser Liste mit einem Anforderungserfüllungsgrad von 45 Prozentpunkten rangiert. Lediglich die Philippinen und Indonesien erreichten weniger Prozentpunkte im asiatischen Vergleich. Der „CG reform trend" geht bei der VR China von weiteren Reformen in den Staatsunternehmen (SOE) und der staatlichen Durchsetzung (enforcement) von Corporate Governance-Maßnahmen aus. Rudolf und Tester sehen allen voran in Punkto der Durchsetzung der Prinzipien durchaus positive Signale:

"Trotz allem sind Zeichen des Fortschritts auszumachen. Die Durchsetzungsabteilungen («enforcement departments») der Regulatoren stocken ihren Personalbestand auf. Erste Urteile gegen Akteure, die vertrauliches Wissen verwendeten, um Kursgewinne zu erzielen, sind gefällt und vollzogen worden" (Rudolf/Tester 2016, S. 190).

Schaubild zwei differenziert zwischen den verschiedenen Bewertungskriterien und erfasst die einzelnen Benotungen in Prozentpunkten: Demnach werden die CG-Richtlinien und die Durchsetzung dieser in den Unternehmen (CG rules & practices), die Durchsetzung mithilfe von Regulatoren und Aktionären (Enforcement), die regulatorische und politische Komponente in Bezug auf CG (Political & regulatory), die Anwendung von Grundsätzen der Buchhaltung und Revision (IGAAP) und die Stabilisierung einer Corporate Governance-Kultur im Markt (CG culture) dargestellt (Rudolf/Tester 2016, S. 190).

(%)	Total	CG rules & practices	Enforcement	Political & regulatory	IGAAP	CG culture
1 = Hong Kong	65	61	71	69	72	51
1 = Singapore	64	63	56	64	85	54
3 Japan	60	48	62	61	72	55
4 = Thailand	58	62	51	48	80	50
4 = Malaysia	58	55	47	59	85	43
6 Taiwan	56	48	47	63	75	47
7 India	54	57	46	58	57	51
8 Korea	49	46	46	45	72	34
9 China	45	42	40	44	67	34
10 = Philippines	40	40	18	42	65	33
10 = Indonesia	39	34	24	44	62	32

Abb. 12: Statistik: Die Corporate Governance-Praxis in asiatischen börsennotierten Unternehmen (Asian Corporate Governance Association 2014, o.S.).

Die Auswertung erbringt interessante Hinweise: Sowohl die Durchsetzung der Corporate Governance-Richtlinien in den Unternehmen als auch die Durchsetzung durch Regulatoren und Aktionäre ist in der VR China unterdurchschnittlich erfüllt. Primär die politische Grundhaltung zur CG-Diskussion zeigt deutlichen Aufholungsbedarf: Hier belegt die Volksrepublik zusammen mit Indonesien den vorletzten Platz in diesem Ländervergleich. Gemeinhin kann die Corporate Governance-Kultur in China als wenig gefestigt bezeichnet werden.

Das vielschichtige Themenfeld der Corporate Governance-Praxis in China kann auch im globalen Vergleich als besonders bezeichnet werden, weil die kulturell und historisch verankerten Rahmenbedingungen vorallem in der VR China eine überaus gewichtige Rolle spielen. Aus der gesellschaftsrechtlichen Perspektive existieren global betrachtet eine Vielzahl konkreter Ausprägungsformen von Corporate Governance-Modellen. Diese resultieren u.a aus differierenden Rahmenbedingungen der unterschiedlichen Länder (Nagy 2002, S. 77). Der englische Begriff der Corporate Governance kann hierbei ins Chinesische mit "gongsi zhili" (公司治理) übersetzt werden. Während "gongsi" (公司) Firma, Handelsgesellschaft oder auch Unternehmen bedeuten kann, heißt "zhili" (治理) regieren, steuern oder auch regulieren.

Noesselt merkt an, dass der Begriff "Governance", der sich z.B.auf die Leitung von Unternehmen ("Corporate") oder auch politische (z.B. "Good Governance") Gegebenheiten beziehen kann, im offiziellen chinesischen Sprachgebrauch relativ neu ist. Dies führt entsprechend dazu, dass der Sinngehalt des Begriffes verzerrt wahrgenommen werden könnte:

"Als offizielle Übersetzung für den englischen Begriff governance wird in chinesischen Studien „zhili" gesetzt. Ähnlich wie im Falle des englischen Begriffs wird damit eine neue Terminologie eingeführt, das Begriffskonzept des hierarchischen Regierens um neue Dimensionen und Akteursgruppen erweitert. Während in der englischen Terminologie jedoch eine klare Abgrenzung von governance (neue Formen des Regierens), government (Regierung) und governing (hierarchische Steuerung durch die Regierung) erfolgt, ist dies in der chinesischen Terminologie nicht angelegt. Weitgehend wird der Begriff „zhili" (= governance) in den Bereichen der Unternehmensführung (corporate governance) und mitunter auch mit Blick auf die internationalen Konstellationen (global governance) verwendet" (Noesselt 2012, S. 119).

Die Wirtschaftsstruktur in China unterscheidet sich stark von der Wirtschaft anderer westlicher Länder. Die Verbindungen staatlicher und privater Wirtschaftsanteile stellen dabei eine Besonderheit dar. Weiterhin nimmt die staatlich geprägte Ökonomie die zentrale Stellung in der chinesischen Wirtschaft ein (Ding 2011, S.55):

"In Chinas Corporate-Governance-Praxis ist ein Unternehmen ein kontrollbasiertes Unternehmen, in welchem der Mehrheitsaktionär, zumeist der Staat, aufgrund seines konzentrierten Aktienbesitzes die Kontrolle des Unternehmens übernimmt" (Lattemann 2010, S. 168).

Dieses Zitat von Lattemann spielt im Rahmen der Untersuchung der chinesischen Corporate Governance-Praxis eine ausserordentlich wichtige Rolle, weil der staatliche Einfluss in chinesischen Kapitalgesellschaften eine bis dato dominierende Stellung einnimmt. Ding behauptet ebenfalls:

"Seit den 1980er Jahren hatte die Regierung schon ständig versucht, die Trennung von Politik und Geschäftsführung zu erzielen. Dennoch weist bis heute die Corporate Governance in chinesischen Aktiengesellschaften wegen der herrschenden Stellung der Staatsaktien noch deutliche politische Einflüsse auf" (Ding 2011, S. 79).

Die Entwicklung von Corporate Governance-Strukturen in China wurde durch den Prozess der Umformung der Planwirtschaft in eine Marktwirtschaft ermöglicht. Das Wachstum und die Etablierung des Kapitalmarktes chinesischer Prägung als auch die Entfaltung der ehemaligen staatlichen

Unternehmen haben es notwendig gemacht, neue Corporate Governance-Strukturen zu etablieren. Ein Merkmal dieser Enwicklung ist in der Geschichte der chinesischen Wirtschaftsstruktur verankert: Bis zum Jahre 1978 waren die meisten chinesischen Unternehmen in Staatsbesitz und damit nach planwirtschaftlichen Elementen geführt. Die Produktionspläne wurden nicht durch den Markt geregelt, sondern staatlicherseits durch Eingriffe nach zentralverwaltungswirtschaftlichen Plänen OECD 2011, S. 13).

Anreizsysteme für Manager und Mitarbeiter, die in heutigen Kapitalgesellschaften für die Stabilität zur Erreichung von Unternehmenszielen eingesetzt werden, fehlten. Die Unabhängigkeit der Manager wirkte sich zum Nachteil auf die Größe und die ökonomischen Ressourcen der Unternehmen aus, weil sie dazu geneigt waren, die Unternehmensgröße zu erweitern ohne jedoch dabei ihre Unternehmensleistung bzw. die Produktivität zu erhöhen. Die von Deng Xiaoping im Jahre 1978 initiierten Wirtschaftsreformen beinhalteten im Kern die Wiederbelebung der Staatsunternehmen durch effizienzsteigernde Umstrukturierungen. Diese Maßnahmen bestärkten den Prozess der Corporate Governance-Bewegung in China immens, da die Listungen der Unternehmen am Kapitalmarkt zunahmen. Die Entwicklung der Corporate Governance in China kann kurzgefasst in einem fast 40-jährigen Prozess abgebildet werden, der sich auch weiterhin stetiger Veränderungen unterwirft. Folgende vier Phasen dieser Entwicklung werden fortan rekonstruiert (OECD 2011, S. 13-14).

Phase 1: 1978-1984

Kennzeichen dieser Phase waren die Dezentralisierung der Politik und die Errichtung von Reformen. Im Jahre 1979 verabschiedete der Staatsrat in diesem Zusammenhang Regeln und Vorschriften der Unternehmensreformen. Die Ziele dieser Reformen waren die Umgestaltung des Beziehungsgeflechts zwischen dem Staat und den Unternehmen. Des Weiteren sollten die in den Staatsunternehmen angestellten Manager durch eine Abschwächung der administrativen Kontrolle des Staates mehr Freiheiten und Anreize in ihren Geschäftsaktivitäten erhalten (OECD 2011, S. 13-14).

Phase 2: 1984-1992

Die Veränderung der Gewinnverteilung staatlicher Unternehmen und die Etablierung von Managementverantwortungssystemen können als herausragende Merkmale dieser Phase gelten. Die Gewinnaneignung der Staatsunternehmen erfolgte vor den Refomen einzig und alleine durch den Staat selbst. Die Reformbestrebungen führten dazu, dass die Gewinne nach Abzug der Steuerlast zwischen dem Staat und den Unternehmen geteilt wurden (OECD 2011, S. 14).

Ab dem Jahre 1987 beschleunigten sich die Reformbestrebungen der Staatsunternehmen. Der Grundsatz, dass der Besitz und die Leitung der Unternehmen getrennt werden könne führte weiterhin zu weiteren Veränderungen und Reformen der Staatsunternehmen. Die im Juli des Jahres 1992 vom Staatsrat formulierten und verabschiedeten Verordnungen über die Umwandlung der staatlichen Industrieunternehmen beschleunigten nochmals die veränderten Bestrebungen der Staatsunternehmen (OECD 2011, S. 14).

Phase 3: 1993-2003

Phase drei, die sich über ca. zehn Jahre erstreckte, stellte die sich langsam vollziehende Etablierung modernerer Unternehmenssysteme in den Fokus. Das Jahr 1993 verzeichnete weitere reformative Anstregungen im Bereich der SOE (State-Owned-Enterprises) und der Entwicklung marktwirtschaftlicher Rahmenbedingungen: Allen voran das im Jahre 1993 verabschiedete Gesellschaftsgesetz gilt als eine wichtige Grundlage des Corporate Governance-Rahmens in der VR China (OECD 2011, S. 15). Anfang der 1990er Jahre wurden die ersten Börsenplätze in der Volksrepublik errichtet und im Jahre 2001 trat China der Wetlhandelsorganisation bei. Diese Ereignisse verpflichteten den Staat die OECD-Grundsätze der Corporate Governance zu übernehmen und die Kapitalmarktentwicklung als auch die Corporate Governance der chinesischen börsennotierten Unternehmen zu optimieren (OECD 2011, S. 15).

Phase 4: 2004- bis heute

Der Zeitraum ab dem Jahre 2004 war von der Weiterentwicklung der staatlichen Wertpapieraufsichtskommission und der Revision des Wertpapiergesetzes geprägt. Diese Maßnahmen erzeugten weitere Verbesserungen der Corporate Governance durch das Wachstum der Kapitalmärkte. Beispielhaft sei hier die Reformmaßnahme der Wertpapieraufsichtskommission aus dem April 2005 zu nennen, die die Nicht-Handelbarkeit bestimmter Aktien und somit die Gleichbehandlung aller

Aktionäre behandelte (OECD 2011, S. 16).

Die Wertpapapieraufsichtskommission CSRC bestärkte ab 2007 die Fortentwicklung der Corporate Governance, indem es eine dreijährige Kampagne startete. Die wichtigsten Eckdaten dieser Kamapagne waren folgende (OECD 2011, S. 17).

1) Die Fokussierung auf die Unabhängigkeit des Managements als Mechanismus einer besseren Corporate Governance

2) Das effektive Zusammenspiel zwischen Vorstand, Aufsichtsrat und Hauptversammlung. Die Einführung internetbasierter Abstimmung bei der Jahreshauptversammlung und standardisierter Regeln für die Vorstandssitzung

3) Die Verbesserung des Systems interner Kontrollen in den börsennotierten Unternehmen als auch die verstärkte Beachtung der Informationsoffenlegungssysteme (OECD 2011, S. 17).

Die Entwicklung der Corporate Governance in der VR China ab 1979 kann ebenfalls anhand des folgenden Schaubilds nach Wang rekonstruiert werden:

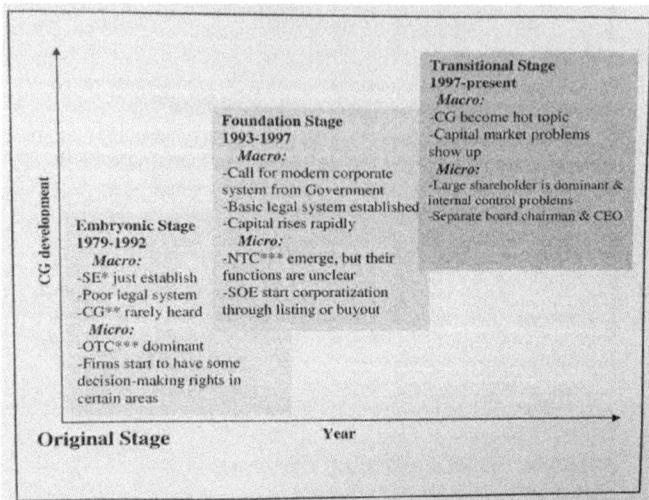

Abb. 13: Die Entwicklung der Corporate Governance in der Volksrepublik China

(Wang 2006, S. 26)

Abschliessend kann der Frage nach der konkreten Beschaffenheit der Corporate Govern-ance-Struktur in chinesischen Kapitalgesellschaften und der Tätigkeitsfelder der einzelnen Organe unter Zuhilfenahme folgender Grafik nachgegangen werden:

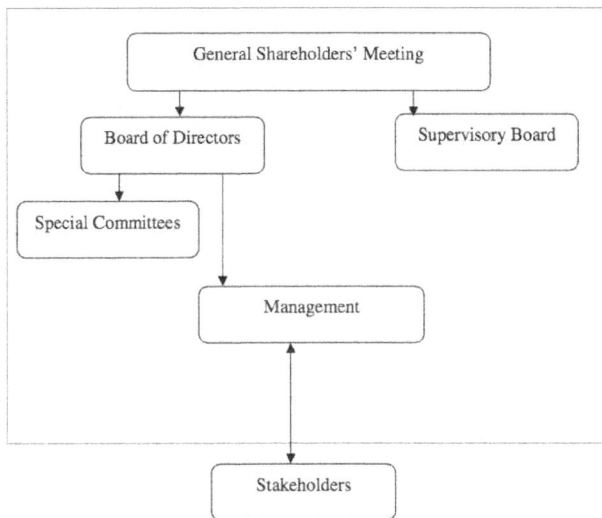

Abb. 14: Das dualistische Corporate Governance-System der Volksrepublik China (OECD 2011, S. 18).

Die Struktur basiert auf dem in Kontinentaleuropa bekannten dualistischen System, das auch in Deutschland Verwendung findet, und trennt die beiden Organe Vorstand und Aufsichtsrat.

Bezugnehmend auf die Zuteilung und das Gleichgewicht der Unternehmensbefugnisse wird an-hand der Grafik deutlich, dass vier spezifische Unternehmensorgane eingerichtet werden: Die Hauptversammlung (General Shareholder's Meeting) kann als Macht- und Entscheidungsgremium des Unternehmens betrachtet werden (OECD 2011, S. 18):

"According to Chinese Company Law, the shareholder general meeting (SGM) is the highest decision-making authority of a firm. The function of the shareholder general meet-ing is to decide on the directions of the company's business strategies, financial and in-

vestment plans, and the nomination of the Board of Directors and supervisors" (Wang 2006, S. 48).

Der Gesetzgeber hat der Hauptversammlung damit eine zentrale Stellung zukommen lassen. Der Hintergrund dieser Entscheidung liegt in den zentralen Reformmaßnahmen der 1990er Jahre begründet, die sich der Umstrukturierung der staatseigenen Unternehmen widmete. Auf die Gefahr hin staatliches Eigentum nach den Reformmaßnahmen zu verlieren, veranlasste die Regierung der Hauptversammlung die primäre Entscheidungsmacht (noch vor dem Vorstand) zu übertragen (Ding 2011, S. 81).

Die zentrierte Machtform der Hauptversammlung als Versammlung aller Aktionäre und Entscheidungsträger beurteilt Ding als äussert kritisch für eine homogene Interessenverteilung:

> *"In China funktioniert die Hauptversammlung wegen der Zentralisierung der Aktienanteile in den meisten Aktiengesellschaften schlecht. Sie wird normalerweise von Großaktionären beherrscht. Kleinaktionäre spielen fast keine Rolle in der Hauptversammlung"* (Ding 2011, S. 81).

Der Vorstand (Board of Directors) steht für die operative Umsetzung der Gesellschaftsaufgaben und hat unter der Autorität der Hauptversammlung Rechenschaft über die Ergebnisse der operativen Geschäfte abzulegen. Der Vorstand kann nach dem Beschluss der Hauptversammlung Sonderausschüsse (Special Committees) wie zum Beispiel den Strategieausschuss, Prüfungsausschuss, Nominierungsausschuss oder auch einen Vergütungs- und Beurteilungsausschuss einrichten.

Das Management (Geschäftsführer) widerum ist verantwortlich für den täglichen Betrieb und die Verwaltung des Unternehmens und obliegt der Rechenschaft gegenüber dem Vorstand. Der Aufsichtsrat (Supervisory Board), als Aufsichtsorgan der Gesellschaft, kontrolliert den Vorstand und das Management und soll dazu beitragen, dass die Pflichten und Gesetze der Gesellschaft konform eingehalten werden (OECD 2011, S. 18).

Konkrete Rückschlüsse auf die CG-Praxis in den börsennotierten Unternehmen in der VR China sind aus dieser Struktur zunächst nicht ersichtlich. Daher werden an dieser Stelle die Rolle des Staates, des Aufsichtsrats und des Vorstands noch einer kurzen Bewertung unterzogen.

Der Einfluss des Staates innerhalb der börsennotierten Gesellschaften ist bis dato immens:

> *"Most listed firms still bear the stamp of SOE ideology, from the listing process, to the power politics in companies, to the ownership structure and to corporate governance"* (Wang 2006, S. 47).

Der Staat beansprucht als Großaktionär oftmals einen Großteil der börsennotierten Unternehmen für sich und spielt damit die entscheidende Komponente der Corporate Governance in China:

> *"Literature about the roles of the State in China indicate a dominant controlling and monitoring position in large listed firms including strategy decision making and nomination of executives" (Wang 2006, S. 48).*

Die Rolle des Aufsichtsrats im dualistischen CG-Modell ist an das deutsche Corporate Governance Modell angelehnt:

> *"The SB was set up to monitor insiders and the management by the designers of corporate framework in china with an intention to follow the German model" (Wang 2006, S. 50).*

Die praktische Ausführung der Unternehmensaufsicht durch den Aufsichtsrat ist in vielen chinesischen börsennotierten Unternehmen aus der Sichtweise der Aktionäre nicht zielführend: „However, "strong management and a weak supervisory board" become the reality" (Wang 2006, S. 50). Des Weiteren kann die Implementierung von unabhängigen Vorstandsmitgliedern kritisch betrachtet werden, weil sich die Aufgabenbereiche des Aufsichtsrats mit denen der unabhängigen Vorstandsmitglieder überschneiden (Wang 2006, S. 50-51).

Letztlich sei noch kurz die Rolle der unabhängigen Vorstandsmitglieder kritisch zu durchleuchten: Börsennotierte Gesellschaften haben externe unabhängige Vorstandsmitglieder zu installieren, die für die interne Überwachung des Vorstands vorgesehen sind (Basch/Wang (2015, S. 28-29).

Nach einem Beschluss der chinesischen staatlichen Wertpapieraufsichtskommission (CSRC) im Jahre 2001 mit dem Titel "Guiding Opinion for Listed Companies on the establishment of an Independent Non-Executive Directors System" sollten börsennotierte Unternehmen ab Juli 2002 mindestens zwei unabhängige Vorstandsmitglieder einsetzen. 2003 erfuhr diese Regelung eine Revision, ab sofort sollten mehr als ein Drittel der Vorstandsposten aus unabhängigen Vorstandsmitgliedern bestehen. Die unabhängigen Vorstandsmitglieder wurden beispielsweise als "Wächter" und "Beschützer" der Corporate Governance und der Kleinaktionäre betitelt (Wang 2006, S. 54-55). Der Beschluss der CSRC wies in der späteren Praxis der CG in China jedoch einige Ungereimtheiten auf, die nicht unbedingt zum Vertrauenszuwachs der Kleinaktionäre gegenüber dem Management führten:

"However, a large portion of the guideline is in the form of guiding principles using imprecise wording to describe desirable actions and circumstances. The criterion for compliance with the Guideline is not clearly defined. There are plenty of "grey areas" and ambiguities, leaving companies who wish to abuse the system room to maneuver" (Wang 2006, S. 54).

Das folgende Schaubild dient abschliessend als visuelle Bekräftgung der CG-Problematik in der VR China: Die Rolle des Staates in den gelisteten Firmen ist zu mächtig, während Vorstand und Aufsichtsrat, wie auch die Kleinaktionäre in der Minderheit sind.

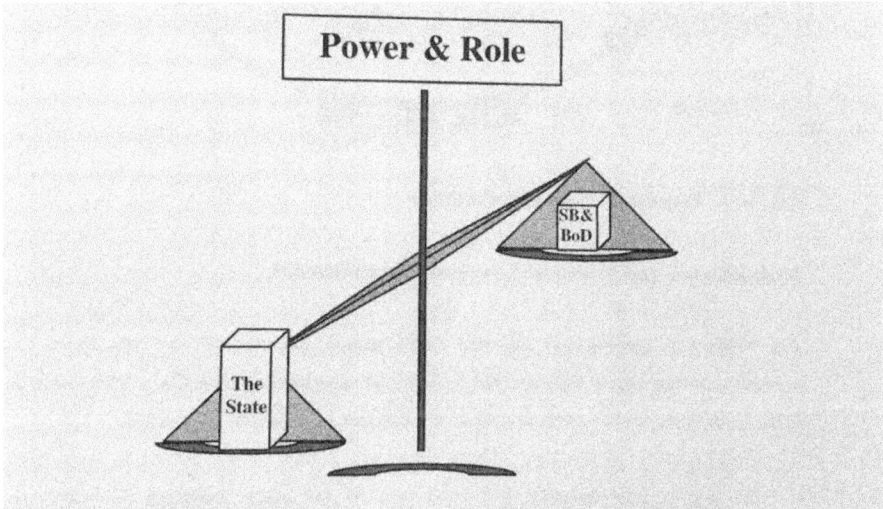

Abb. 15: Der Einfluss des Staates in den Unternehmen

(Wang 2006, S. 59).

7. Rechtliche Grundlagen der Corporate Governance-Bewegung und der CG-Kodex in der VR China

Die rechtlichen Grundlagen und Fortschritte der Corporate Governance-Bewegung in der Volksrepublik China fußen besonders auf dem ersten Gesellschaftsgesetz aus dem Jahre 1993. Darauf aufbauend dienen die chinesische Wertpapieraufsichtskommission und der chinesische Corporate Governance-Kodex als weitere stabilisierende Faktoren in der Praxis der Corporate Governance in China.

7.1 Das Gesellschaftsgesetz der VR China

Einen erheblichen Einfluss auf den Aufbau des chinesischen Corporate Governance-Systems übt das Gesellschaftsgesetz aus. Das chinesische Gesellschaftsgesetz (GesG) ordnet sowohl die Gesellschaft mit beschränkter Haftung (GmbH) als auch die Aktiengesellschaft (AG):

"Als Gesellschaften bezeichnet das GesG in § 2 lediglich die im chinesischen Inland errichteten Gesellschaften mit beschränkter Haftung (GmbH) und die Aktiengesellschaften

(AG)" (Binding/Pißler 2016, S. 22).

Größere Investoren bevorzugen die Gründung einer AG, wobei die Gründung einer GmbH aufgrund der personalisierten Struktur das Ziel kleinerer Unternehmen darstellt und somit den dominierenden Gesellschaftstyp in China aufweist (Jiang 2011, S. 1). Das wesentliche zivilrechtliche Regelwerk im chinesischen Gesellschaftsrecht ist das GesG, das im Jahre 1993 eingeführt wurde. Das GesG ist 2013 letztmalig revidiert worden und befasst sich mit den Themen der Unternehmensgründung und der Führung dieser. Hierbei stehen die Gesellschaftsformen der AG, GmbH und der Einmann-GmbH, als auch die Zusammensetzung der unterschiedlichen Organe der Gesellschaft, im Zentrum der Betrachtung (Binding/Pißler 2016, S. 10):

"Nach allgemeinen Vorschriften finden sich hier zuerst Regelungen über die GmbH und danach solche über die AG. Bei den Vorschriften über die Zuständigkeit der Organe einer AG wird zunächst auf die für GmbHs geltenden Regelungen verwiesen (§ 100 für die Hauptversammlung, § 109 für den Vorstand, § 119 für den Aufsichtsrat). Für die Aktiengesellschaft besteht dann eine Reihe von Ergänzungen zu den GmbH Regeln. Die Verweisungspraxis ist hier also gerade umgekehrt als in Deutschland. In einem besonderen Abschnitt sind schließlich noch Vorschriften über die Qualifikation und Pflichten der Vorstands und Aufsichtsratsmitglieder sowie leitender Manager der Gesellschaften enthalten (§§ 147–153). Diese Vorschriften gelten für alle Gesellschaftsformen" (Blaurock 2009, S. 1).

Das Gesellschaftsgesetz von 1993 kann aus folgenden Gründen als einer der Wegbereiter des chinesischen Entwicklungspfades der Corporate Governance gesehen werden: Die Einführung des Gesellschaftsgesetz von 1993 war in erster Linie ein bedeutendes Lockerungsinstrument, das die Privatisierung maroder Staatsunternehmen bewirkte. Des Weiteren trug es zur Förderung der individuellen Bevölkerungsbeteiligung am wirtschaftlichen Fortschritt bei, weil die Hürden der Gesellschaftsgründung durch die Anerkennung privater Investoren Überwindung finden konnten (Jiang 2011, S. 1). Binding und Pißler sehen in der Etablierung des Gesellschaftsrechts in China weitere folgende wichtige Merkmale:

"Im Bereich des Gesellschaftsrechts verfolgte die chinesische Regierung das Ziel, das

dem Grunde nach kapitalistische Konzept der Kapitalgesellschaft mit dem sozialistischen Staatsentwurf der Volksrepublik China in Einklang zu bringen. Investitionen und Umstrukturierungen sollten ermöglicht und stimuliert werden, ohne dabei den Verlust staatlicher Kontrolle zu riskieren" (Binding/Pißler 2016, S. 4).

Die Entwicklung des Gesellschaftsgesetzes und der heutigen Handelsgesellschaft chinesischen Rechts kann zunächst durch die Nachzeichnung der Historie dieses verständlicher gemacht werden. Das Wort "gong si" (公司) bedeutet nach der chinesischen Rechtssprache ins deutsche übersetzt "Handelsgesellschaft". Das chinesische Wort "gong si" setzt sich damit aus zwei Begriffen zusammen: "gong (公)" und "si (司)". Während der Begriff "gong" mit "öffentlich" oder lich" übersetzt werden kann, bedeutet das Wort "si" "Amt" bzw. "Behörde". Die nach Gewinn strebende Handelsgesellschaft im China der heutigen Zeit, wird damit als "Öffentliche Behörde" bezeichnet, wobei hier der starke Bezug der Geschichte dieses Begriffes miteinfliesst (Sun 2010, S. 27). Der Ursprung des Begriffes "gong si" kann in zwei geschichtsträchtigen Ereignissen gesehen werden. Einerseits waren die ersten "gong si" Vereinigungen chinesischer Kejia-Immigranten, die zwischen den vierziger Jahren des 19. Jahrhunderts bis Anfang des zwanzigsten Jahrhunderts mit weiteren süd-asiatischen Regionen Geschäfte betrieben. Zweck dieser Vereinigungen waren im China der damaligen Zeit die Verwaltung von Dörfern oder Gemeinden und die Verteidigung. Diese Vereinigungen fungierten als Diener öffentlicher Zwecke und wurden im Dialekt der Kejia-Chinesen als "kong-sze" bezeichnet. Das heutige chinesische Wort dafür wäre wiederum "gong si" (Sun 2010, S. 27). Ein weiterer Hinweis zum Ursprung des Begriffes liegt in der Geschichte der ostindischen Kompagnie begründet. Die chinesischen Geschäftsleute und Zollbeamten, die während der Zeit der ostindischen Kompagnie in der Hafenstadt Guangzhou arbeiteten, wurden als "gong si" bezeichnet. Mit diesem Ausdruck sollte auf die Organisation dieser öffentlich-rechtlichen Hoheitsrechte verwiesen werden. Nach der Auflösung der Kompagnien im Jahre 1833 wurde der Begriff der "gong si" jedoch weiterhin für die westlichen Handelsgesellschaften gebraucht (Sun 2010, S. 27-28). Historisch betrachtet kann die Entwicklung chinesischer Handelsgesellschaften auf die siebziger Jahre des 19. Jahrhunderts datiert werden. Zur Stärkung der eigenen Macht gegen die Kolonialmächte aus dem Westen versuchten liberale Politiker in Verwaltungsgebieten Handelgeschäfte und Industrien zu errichten. Zum Vorbild nahmen sich die Politiker die britisch-ostindischen Kompagnien. Ziele waren der Aufbau von Betrieben und Gewerbe, die durch die Finanzierung öffentlicher, als auch privater Finanzmittel und der Verleihung öffentlicher Hoheitsrechte realisiert werden sollten. Diese Art der Unternehmen wurden damals als "jü" (局), zu deutsch "Behörde" bezeichnet. Die weitere Entwicklung der Handelsgesellschaft vollzog sich zwischen 1919, dem Ende der letzten Dynastie in China, und 1949, der Gründung der Volksrepublik China, nur sehr langsam (Sun 2010, S. 28). Der Statistik zufolge existierten vor dem Jahre 1949 schätzungsweise 1,3 Millionen Privat-unternehmen in China. Ein Anteil von unter einem Prozent dieser fiel jedoch unter registrierte Handelsgesellschaften. Die Form des Einzelkaufmanns war hier der dominierende Typus (Jiang 2003, S. 48). Nach der Gründung der VR China im Jahre 1949 führten Umstrukturierungen zu massiven Abschaffungen des privaten Sektors. Sun behauptet zutreffend:

"Am Ende der "sozialistischen Umstrukturierungsbewegung" existierten fast ausschließ-lich Staatsunternehmen und Kollektivunternehmen. Unternehmen, die von Personen gegründet werden, um Gewinne für ihre eigene Rechung zu erzielen, wurden als eine kapitalistische Ausbeutungsmethode, die nicht der sozialistischen Ideologie entspricht, angesehen" (Sun 2010, S. 28).

Ende des Jahres 1950 wurde per Gesetz ein Gesellschaftsrecht erlassen. In der Praxis erwies sich dieses jedoch als ungenügend ausgestaltet, da die Verstaatlichung der Unternehmen zur massiven Verdrängung der Privatgesellschaften führte. Die 30 Jahre zwischen der Gründung der VR China und der Reformpolitik boten den Kapitalgesellschaften, wie wir sie im heutigen Kontext verstehen, keinerlei Möglichkeit zur Entfaltung ihrer Interessen (Jiang 2011, S. 11). Im Zeitraum vor der "Reformpolitik" wurde lediglich zwischen Unternehmen der Eigentumsart "Volkseigentum" und "Kollektiveigentum" differenziert. Während beim Volkseigentum die Produktionsmittel im Besitz der Bevölkerung sind, stehen diese beim Kollektiveigentum im Besitz von Teilen der Bürger. Haf-tungsformen waren jedoch zum damaligen Zeitpunkt nicht erkennbar (Jiang 2011, S. 12). Wichtige Fragestellungen bezüglich der Haftungsform wirft Jiang auf, indem er behauptet:

"Denn wenn das Eigentum in einer volkseigentümerischen Gesellschaft sowieso dem ganzen Volk gehört, wozu braucht die handelnde Person, die Mitglied des Volkes ist, zu haften? Und wozu braucht man dann Regelungen für die Haftungsformen" (Jiang 2011, S. 12)?

Der Fortgang der Geschichte der chinesischen Handelsgesellschaften führte nach dem Ende der Kulturrevolution (1976) im Jahre 1979 zur "Öffnungspolitik" gen Westen und der Entscheidung zugunsten Reformen im wirtschaftlichen Bereich (Qi 2002, S. 86-91). Jiang sieht hinter der Reformpolitik folgende Motivation versteckt:

> *"Im Kern sah die Reformpolitik vor, dass die staatliche Kontrolle über die Wirtschaft gelockert und die individuelle Beteiligung der Bevölkerung am Wirtschaftsleben kontinuierlich gefördert wurde" (Jiang 2011, S. 1).*

Diese Politik führte im Gesellschaftsrecht zur Wiederbelebung der Handelsgesellschaft und 1993 zum Gesellschaftsgesetz. Die Aufgabe des Gesellschaftsgesetzes von 1993 bestand vordergründig darin, die Entwicklung von "gong si" voranzutreiben. Diese Entwicklung offenbarte jedoch folgende Defizite: Marode Unternehmen, die kein Vermögen und oft auch keine Registrierung aufwiesen, waren ausserordentlich konkursanfällig. Diese Unternehmen boten den Gläubigern keinerlei Sicherheiten und Transparenz. Die Aufarbeitung dieser Defizite war eines der hauptsächlichen Aufgabenfelder des Gesellschaftsgesetzes aus den Anfangsjahren. Eine zweite wichtige Aufgabe lag in den Reformen und der Aufarbeitung der wirtschaftlichen Struktur der vielen Staatsbetriebe (Sun 2010, S. 29). Die Motive der Schaffung des Gesellschaftsgesetzes waren nicht nur im privaten Sektor verankert, sondern auch der Staat forcierte die Umgestaltung der staatlichen Unternehmen zwecks Risikoabsicherung ihrer eigenen Anteile (Jiang 2011, S. 12-13). Binding und Pißler bewerten das Eingriffen des Staates in diesem Zusammenhang folgendermaßen:

> *"Hierbei ist zum einen die besondere Rolle der Staatsunternehmen und die staatliche Involvierung im privaten Wirtschaftssektor zu beachten, die für sich genommen im Widerspruch zu den Regeln der freien Marktwirtschaft steht" (Binding/Pißler 2016, S. 5).*

Im Jahre 1992 führte die Rede der Einführung der sozialistischen Marktwirtschaft von Deng Xiaoping zu einem weiteren Umdenken in der Politik. Staatsunternehmen können nur optimiert werden, indem der Aufbau der Unternehmen basierend auf Gesellschaftsanteilen forciert werde (Qi 2002, S. 86-91). Eine Klassifizierung der Unternehmen anhand ihrer Rechtsform wurde fortan angestrebt (Heuser 2006, S. 91). Die Entwicklung des Gesellschaftsgesetzes fiel in den Zeitraum der Festlegung der sozialistischen Marktwirtschaft und stellte das erste Gesetz marktwirtschaftlicher

Subjekte dar. Folgende positive und negative Aspekte fallen in die Bewertung des Gesellschaftsgesetzes von 1993 (Jiang 2011, S. 14-17).

1) Der Aufbau eines modernen gesellschaftlichen Rechtssystems mithilfe der Durchsetzung von
Haftungsformen

2) Vereinheitlichung der Bezeichung "Gesellschaft" im Rechtsverkehr

3) Hilfestellungen, die das Aktiengesetz und den Handel mit Aktien voranbrachten

Negative Auswirkungen des Gesellschaftsrechts wurden an diesen Punkten festgemacht:

1) Der Marktzugang würde durch durch Schwierigkeiten bei der Errichtung der Gesellschaft erschwert

2) Rechte und Pflichten der Gesellschafter, der Gesellschafterversammlung, des Vorstands und
des Aufsichtsrates waren nur ungenügend präzisiert

3) Der Schutz kleinerer Gesellschaften und der Gläubiger war de facto nicht gegeben

Gründe für die Kritik wurde in den Gesetzgebern und deren kenntnissarmen Handlungen gesehen.
GmbH und AG waren relativ neuartige Gesellschaftsformen, die unter der staatlichen Machtfülle
wenig Entfaltung finden konnten. Der dominierende Typus der Staatsunternehmen erschwerte die
Herausbildung der genannten Kapitalgesellschaften. Dem Gesetzgeber fehlte es somit schlichtweg
an praktischer Erfahrung im Umgang mit Kapitalgesellschaften in Form von GmbH und AG (Jiang
2011, S. 17). Bemerkenswerte Änderungen im Gesetzeswerk wurden im Jahre 2005 umgesetzt:
Die Koexistenz von Aufsichtsrat und unabhängigen Vorstandsmitgliedern. Das KgsG von 2005
erweiterte damit das Überwachungssystem der börsennotierten Unternehmen (Ding 2011, S. 135).

Der Aktualität des Wissensstands halber wird zum Abschluss dieses Kapitels auf die Chronologie
der Überarbeitungen des Gesellschaftsrechts in China eingegangen:

> "中华人民共和国公司法（1993 年 12 月 29 日第八届全 国人民代表大会常务委员会第五
> 次会议通过 根据 1999 年 12 月 25 日第九届全国人民代表大会常务 委员会第十三次会议
> 《关于修改〈中华人民共和国公司法〉的决 定》第一次修正 根据 2004 年 8 月 28 日第

十届全国人民代表大会常 务委员会第十一次会议《关于修 改〈中华人民共和国公司法〉的 决定》第二次修正 2005 年 10 月 27 日第十届全国人民代表大会常 务委员会第十八 次会议修订 根 据2013 年 12 月28 日第十二届全国 人民代表大会常务委员会第六次 会 议《关于修改〈中华人民共和 国海洋环境保护法〉等七部法律 的决定》第三次修正"

Übersetzung:

Das Gesellschaftsgesetz der VR China ist am 29.12.1993 von der fünften Sitzung des ständigen Ausschusses des achten nationalen Volkskongresses verabschiedet worden. Einer ersten Änderung erfuhr es mittels des "Beschlusses zur Änderung des Gesellschaftsgesetzes der VR China" zum Ende des Jahres 1999. Die zweite Änderung erfolgte im August 2004 und weiterhin im Oktober 2005 per Neufassung des Gesetzes. Eine dritte grundlegende Änderung erfolgte im Dezember 2013 durch den "Beschluss zur Revision von sieben Gesetzen". Diese Änderung trat am 01.03.2014 in Kraft (Pißler 2014, S. 254).

7.2 Die chinesische Wertpapieraufsichtskommission CSRC

„Maintain a transparent, fair and equitable market Strengthen the protection of investors, small investors in particular Facilitate the sound development of the capital market"

(China Securities Regulatory Commission o.J., o.S.).

Dieses Zitat ist auf der Internetseite der staatlichen chinesischen Wertpapieraufsichtskommission zu lesen und deutet auf das Streben dieser Institution nach einem transparenten und gerechten Wertpapiermarkt, der im Besonderen die Rechte der Kleinaktionäre schützen soll.

Die "China Securities Regulatory Commission" (CSRC), zu deutsch chinesische Wertpapieraufsichtskommission oder Börsenaufsicht, ist eine staatliche Einrichtung auf Ministerebene, die unter der Aufsicht des Staatsrates angesiedelt ist. Die CSRC führt eine einheitlich geführte Regulierungsfunktion des Wertpapiermarktes gemäß den Verordnungen und Gesetzen des Staatsrats durch (China Securities Regulatory Commission o.J., o.S.).

Die Reformen der Kapitalmarktaufsicht sind im Zuge der asiatischen Finanzkrise vorangetrieben worden und führten im Jahre 1997 zur Verabschiedung des Wertpapiergesetzes (WpG) und der Gründung der CSRC. Parallel dazu wurden weitere Aussenstellen der CSRC gegründet, die sich um von der CSRC beauftragte Aufsichtspflichten kümmern (Binding/Pißler 2016, S. 426). Nach § 166 Wertpapiergesetz bestehen die maßgeblichen Aufgabenfelder der CSRC in der Wahrnehmung der Aufsicht des Kapitalmarktes, dem Schutz der Marktordnung, als auch die Gewährleistung der Funktionen des Kapitalmarktes (Pißler 2004, S. 23).

Die CSRC, die ihren Hauptsitz in Peking hat, setzt sich aus u.a. einem Vorsitzenden (Chairman) und vier stellvertretenden Vorsitzenden zusammen. Gemäß dem Artikel 14 des "Wertpapierge-setzes der Volksrepublik China" hat die CSRC einen öffentlich-rechtlichen Prüfungsausschuss einzurichten, der sich aus Fachleuten der CSRC und weiteren Experten aus dem Ausschuss zusammensetzt. Die CSRC ist weiterhin in 36 verschiedenen Regulierungsbehörden in der VR China vertreten (China Securities Regulatory Commission o.J., o.S.).

Gemäß den Gesetzen und Verordnungen des chinesischen Kapitalmarktes werden im Folgenden einige der Aufgabenfelder der staatlichen Wertpapieraufsichtskommission explizit beschrieben. Hierbei ist zu beachten, dass diese Ausführungen von der Wertpapieraufsichtskommission selbst stammen (http://www.csrc.gov.cn/pub/csrc_en/about/) und dementsprechend aus dem Blickwinkel des Kapitalmarktes der VR China zu betrachten sind:

1) Die Abhandlung und Formulierung von Richtlinien und Entwicklungsplänen für den Wertpapier-markt und weiteren gesetzgeberischen Überwachungsmaßnahmen für die Wertpapier- und Terminmärkte.

2) Die Überwachung der Transaktionen börsennotierter Staats- und Unternehmensanleihen und die Beaufsichtigung von Emission, Notierung und dem Handel von Wertpapieren.

3) Die Beaufsichtigung und Kontrolle der börsennotierten Gesellschaften, ihrer obersten Leitung und der Aktionäre gemäß den einschlägigen Gesetzen und Vorschriften.

4) Die Überwachung der Transparenzvorschriften und Informationsressourcen der Wertpapier- und

Terminmärkte.

5) Die zuständigen Behörden sind bei der Prüfung und Genehmigung der Qualifikationen der Wirtschaftsprüfungsgesellschaften miteinzubeziehen. Weiterhin werden die Wertpapiervermittler, Anwaltskanzleien und Wirtschaftsprüfungsgesellschaften in den Fokus der Überwachung gesetzt. Aktivitäten, die gegen die relevanten Gesetze und Vorschriften des Wertpapiermarktes verstoßen, werden strafrechtlich verfolgt und geahndet (China Securities Regulatory Commission o.J., o.S.).

Die Revision des Wertpapiergesetzes aus dem Jahre 2005 führte zu einer weiteren Stärkung der Befugnisse der staatlichen Aufsicht. Das Aufgabenfeld der CSRC bezieht sich dabei auf die Kontrolle aller Segmente des chinesischen Kapitalmarktes. Die Aufsicht bezieht sich dabei auf die beiden Börsenplätze in Shanghai und Shenzhen (Binding/Pißler 2016, S. 426).

7.3 Der chinesische Corporate Governance-Kodex

Internationaler Wettbewerb auf Güter-und Finanzmärkten veranlasst die global agierenden Unternehmen dazu, internationale Normen und Vorschriften der Unternehmensleitung- und kontrolle zu beachten. Die gestiegenen Anforderungen an die Unternehmen im Bereich von Transparenz und Informationsbereitstellung dienen Analysten und Anlegern aufschlussreiche Aussagen bezüglich Zustand und Lage des Unternehmens zu erhalten (Schauf 2008, S. 34-35). Der wissenschaftliche und unternehmensinterne Diskurs zur Konzeption von Kodizes und der Umsetzung in eine nationale Gesetzgebung hat in vielen Staaten der Welt stattgefunden. "Corporate Governance", ausgelegt als ein im Sinne "moralischer und guter Grundsätze im Bereich der Unternehmensführung- und kontrolle", scheint jedoch in der globalen Weltwirtschaft oftmals zu entschwinden (Schauf 2008, S. 29-30).

Pleines stellt an diesem Punkt zutreffenderweise die Verknüpfung zwischen der Ethik und der Corporate Governance her:

"Die verloren gegangene Ethik wird immer mehr durch einen Corporate Governance Kodex ersetzt" (Schauf 2008, S. 30).

Der chinesische Corporate Governance-Kodex (CGK), der im Januar 2002 erlassen worden ist, kann in diesem Sinne ebenfalls als ein ethikförderndes Instrument angesehen werden. Er soll in chinesischen Gesellschaften zum Schutz der Investoren und zur Förderung des zielgerichteten Informationserhalts der Stakeholder beitragen. Weiterhin soll er Konflikte zwischen den (meist staatlichen) Großaktionären und den Minderheitsaktionären mildern:

"Die Regulierung des Verhaltens der beherrschenden Aktionäre stellt gerade in China eine der zentralen Aufgaben der Corporate Governance dar" *(Binding/Pißler 2016, S. 94).*

Binding und Pißler präzisieren den Aufgabenbereich des chinesischen Corporate Governance-Kodex (CGK) wie folgt:

"Der CGK enthält ausführliche Regelungen zur Führung und Überwachung von börsennotierten AG und bestimmt Grundsätze des Corporate Governance, Mechanismen zum Schutz der Investorenrechte sowie einen Verhaltenskodex für Vorstand, Aufsichtsrat und Geschäftsführung. Laut der Präambel des CGK müssen sich die Anforderungen des Kodex in der Satzung oder den Corporate Governance Rules einer börsennotierten AG wiederfinden" *(Binding/Pißler 2016, S. 92).*

Weiterhin sehen sie in dem CGK "das Hauptkriterium für die Beurteilung, ob eine börsennotierte AG eine gute Corporate Governance Struktur hat" (Bindung/Pißler 2016, S. 92).

Weitere Merkmale des chinesischen Corporate Governance Kodex seien hier wie folgt erklärt, wobei auf einzelne Paragraphen und deren Aussagekraft auf die Corporate Governance-Struktur chinesischer Kapitalgesellschaften explizit eingegangen wird:

Kapitel 1 CGK: Aktionäre und Hauptversammlung

1. Abschnitt: Aktionärsrechte

Im Zentrum dieses ersten Kapitels Abschnitt 1 stehen die Grundsätze (§ 1) , Ziele der Corporate Governance (§ 2), die Informations- und Mitwirkungsrechte (§ 3) und der Rechtsschutz der Aktionäre (§ 4).

So besagt § 1, dass Aktionäre Eigentümer der Gesellschaft sind und somit die Rechte beanspruchen dürfen, die in Gesetzen, Verwaltungsrechtsnormen und der Gesellschaftssatzung festgelegt sind. An der Börse zugelassene Gesellschaften müssen einen Aufbau der Corporate Governance zusammensetzen, der garantieren kann, dass die Aktionäre ihre Rechte vollumfänglich ausführen können (Pißler 2002, o.S.).

§ 2, die "Ziele der Corporate Governance" wird im CGK folgendermaßen charakterisiert:

„Die Corporate Governance börsenzugelassener Gesellschaften muß gewährleisten, daß alle Aktionäre und insbesondere mittlere und kleine Aktionäre <2> eine gleichberechtigte Stellung genießen. Aktionäre genießen entsprechend ihren Anteilen, die sie innehaben, gleichberechtigt Rechte und übernehmen entsprechend Pflichten" (Pißler 2002, o.S.).

Börsennotierte Aktiengesellschaften befinden sich in der Regel im Streubesitz. Eine breite Beteiligungsstruktur und die Vielzahl von Minderheitsaktionären machen es damit erforderlich effiziente Informationsrechte an die Aktionäre weiterzugeben. Nach § 3 (Informations- und Mitwirkungsrecht) gewährt der CGK den Aktionären ein Informations- und Beteiligungsrecht bei wichtigen Entscheidungen (Binding/Pißler 2016, S. 92).

Die überproportional auftretende Rolle des Staates als (Groß-) Aktionär chinesischer Kapitalgesellschaften ist hier kritisch zu betrachten. § 2 sieht vor, dass insbesondere mittlere und kleine Aktionäre eine gleichberechtigte Stellung geniessen sollen. Dieser Fragestellung wird im Laufe der Arbeit weiterhin verstärkt Betrachtung geschenkt werden. Die Bewertung von § 3 erfordert detailliertere Statistiken zu der Aktionärsstruktur chinesischer Kapitalgesellschaften. Hinweise ergeben, dass die Mehrheitsaktionäre oft aus dem staatlichen Sektor kommen und somit die Mitwirkungsrechte der kleinen und mittleren Aktionäre minimieren.

2. Abschnitt: Normen für die Hauptversammlung

Hier geht es im Folgenden um die § 5 (Normen in der Gesellschaftssatzung) bis § 11 (Rolle institutioneller Anleger bei der Abstimmung). Als markantes Merkmal der chinesischen CG sei § 11 zu betrachten:

"Institutionelle Anleger müssen bei schwerwiegenden strategischen Entscheidungen wie bei der Wahl der Vorstandsmitglieder und bei Anreizen und Kontrollen des Betreibers Wirkung entfalten" (Pißler 2002, o.S.).

Hier werden den aus Unternehmenssicht strategisch wichtigen institutionellen Anlegern Vorrang vor den Minderheitsaktionären gewährt. Konflikte zwischen den Aktionärsinteressen sind somit mit erhöhter Wahrscheinlichkeit gegeben.

Kapitel 2 CGK: Beherrschender Aktionär und börsenzugelassene Gesellschaft

1. Abschnitt: Normen für Handlungen des beherrschenden Aktionärs

Das zweite Kapitel ersten Abschnitts (Normen für Handlungen des beherrschenden Aktionärs) bezieht sich auf die Paragraphen 15-21.

§ 15, das "Prinzip der Börsenzulassung nach Umwandlung" besagt demzufolge, dass beherrschende Aktionäre sich bei der Umwandlung bzw. der Reorganisation von Gesellschaften, die einen "Initial Public Offering (IPO)" planen, sich dem Prinzip der Börsenzulassung richten müssen. Dieses Prinzip fokussiert die Schaffung einer adäquaten und ausgewogenen Organisation der Anteilsrechte (Pißler 2002, o.S.).

§ 18 handelt von der "Reformierung der Personalangelegenheiten":

"Beherrschende Aktionäre müssen börsenzugelassene Gesellschaften dabei unterstützen, die Reformierung der Arbeit, der Personalangelegenheiten und der [Gehalts-] Verteilung zu vertiefen, den Mechanismus des Managements zu verändern, einen Wettbewerb um die Anstellung und Beförderung von Managern, die Möglichkeit sowohl des Aufstiegs als auch der Degradierung von Managern, und die Auswahl der Belegschaft entsprechend ihrer Befähigung, die Möglichkeit der Aufnahme und der Entlassung der von Beschäftigten, flexible Einkommen und unterschiedlichste Systeme effizienter Anreize zu etablieren"

(Pißler 2002, o.S.).

Die Auszüge der § 15 und 18 deuten erneut auf das Fundament der chinesischen Corporate Governance-Praxis hin: Beherrschende Aktionäre in den Kaptalgesellschaften. § 15 soll dabei die Struktur der ausgewogen verteilten Anteilsrechte vorschlagen und dabei die kleinen und mittleren Aktionäre miteinbeziehen. § 18 stützt sich auf die Verwirklichung von Management- und Anreizmechanismen innerhalb der Unternehmen. Die Anreizsysteme im Wirkungskreis des Managements werden zu einem späteren Zeitpunkt erneut aufgegriffen und einer detaillierteren Betrachtung unterzogen.

2. Abschnitt: Unabhängigkeit der börsenzugelassenen Gesellschaft

Die "Unabhängigkeit der börsenzugelassenen Gesellschaft" betrifft die § 22-27.

§ 22 leitet diesen Abschnitt gemäß folgenden Prinzipien der Unabhängigkeit ein:

"Personal, Vermögen und Finanzen der beherrschenden Aktionäre einerseits, der börsenzugelassenen Gesellschaften andererseits müssen getrennt werden, die Organe und Geschäfte sind unabhängig <8>, die jeweilige Rechnungsführung ist unabhängig und Haftung und Risiken werden jeweils unabhängig übernommen" (Pißler 2002, o.S.).

§ 26, die Unabhängigkeit der internen Organe, beschränkt sich auf die Organe Vorstand, Aufsichtsrat und weiteren interne Institutionen. Diese sollen nach § 26 unabhängig voneinander ausgerichtet sein:

"Zwischen beherrschenden Aktionären und ihren Funktionsabteilungen auf der einen Seite und börsenzugelassenen Gesellschaften und deren Funktionsabteilungen auf der anderen Seite gibt es keine Über- und Unterordnungsverhältnisse. Beherrschende Aktionäre und ihnen untergeordnete Organe dürfen keine Pläne oder Befehle für die Betreibung der börsenzugelassenen Gesellschaft an die börsenzugelassene Gesellschaft oder an die ihr untergeordneten Organe ausgeben und dürfen auch in keiner anderen Form die Unabhängigkeit ihres Managements beeinträchtigen" (Pißler 2002, o.S.).

Der Bewertung der Unabhängigkeit des Personals respektive der leitenden Vorstands- und

Aufsichtsratsmitglieder und der weiteren internen Organe wird im weiteren Verlauf dieser Arbeit mit weiteren Analysen nachgekommen. Im Hinblick auf die Transparenz der Informationen für die Minderheitsaktionäre kann hier vorweggenommen werden, dass diese des Öfteren unter der Intransparenz des staatlichen Einflusses in den Kapitalgesellschaften leiden.

Kapitel 3 CGK: Vorstandsmitglieder und Vorstand

1. Abschnitt: Verfahren zur Wahl und Bestellung der Vorstandsmitglieder

Kapitel drei des chinesischen CG-Kodex ersten Abschnitts gliedert sich in die § 28-32 auf. Der Paragraph 28, der sich auf die Wahl der Vorstandsmitglieder fokussiert, sollte hier ebenfalls kurz beschrieben werden:

> "§ 28 [Prinzipien der Wahl]
>
> Börsenzugelassene Gesellschaften müssen in der Gesellschaftssatzung ein normiertes und transparentes Verfahren zur Wahl von Vorstandsmitgliedern festlegen, um eine öffentliche, unparteiische, gerechte und unabhängige Wahl zu gewährleisten"
>
> (Pißler 2002, o.S.).

"Unabhängig" geführte Wahlen von Vorstandsmitgliedern in chinesischen Kapitalgesellschaften können sich durch die nicht selten auftretenden Interventionen des Staates als Mehrheitsaktionär als schwierig erweisen.

2. Abschnitt: Pflichten der Vorstandsmitglieder

Der 2. Abschnitt betrifft die § 33-39.

§ 33 widmet sich den Prinzipien der Pflichten von Vorstandsmitgliedern und besagt, dass die Vorstandsmitglieder ihren Pflichten nachkommen sollten um somit der Gesellschaft und der Gesamtheit der Aktionäre gegenüber den größten Nutzen zu erbringen (Pißler 2002, o.S.). Auf die Frage nach der Art der Pflichten wird in diesem Paragraph nicht näher eingegangen, so dass diese hier nicht seriös beantwortet werden kann.

Weitere im Rahmen der Analyse der Corporate Governance in China herausstechende Paragraphen des CGK werden im Folgenden kurz erläutert:

Als außergewöhnlich sind zunächst die § 49 und 50 zu bezeichnen, weil diese vom System "unabhängiger Vorstandsmitglieder" im dualistisch geprägten chinesischen Corporate Governance-System handeln. Der Mechanismus der unabhängigen Vorstandsmitglieder entstammt dem anglo-amerikanischen Rechtssystem und kann mit dem kontinentaleuropäischen Aufsichtsrat gleichgesetzt werden. Die Besetzung von unabhängigen Vorstandsmitgliedern in börsennotierten Gesellschaften ist im Jahre 2001 durch die CSRC erlassen worden. Diese müssen nach den oben genannten Paragraphen im Vorstand der AG eingesetzt werden (Binding/Pißler 2016, S. 95-96). Die Besonderheit der Besetzung der unabhängigen Vorstandsmitglieder zeigt sich dahingehend, dass diese Vorstandsmitglieder neben den obligatorisch festgelegten Organen des Vorstands und des Aufsichtsrats agieren. Die Frage nach der Unabhängigkeit der Vorstandsmitglieder muss nach Ding kritisch betrachtet werden. Sie behauptet, dass die "Unabhängigkeit" dieser Vorstandsmitglieder durch den Gesetzgeber in den Fokus gestellt wird, um die Wahrnehmung dieser zu verstärken. Im Umkehrschluss liegt die Vermutung nahe, dass die Aufsichtsräte ihre Kontrolltätigkeiten in der Vergangenheit ungenügend wahrgenommen haben:

> *"Der Gesetzgeber sieht die mangelnde Funktion des Aufsichtsrats in seiner abhängigen Stellung in der Aktiengesellschaft, weil die meisten Aufsichtsratsmitglieder gleichzeitig auch Manager oder Arbeitnehmer der Aktiengesellschaft sind" (Ding 2011, S. 108).*

Die unabhängigen Vorstandsmitglieder vollziehen parallel zum Aufsichtsrat Kontrolltätigkeiten. Der größte Unterschied zwischen diesen beiden Organen liegt jedoch darin, dass die unabhängigen Vorstandsmitglieder ihre Überwachungsaufgaben als Teil des Vorstands wahrnehmen. Sie nehmen die Überwachung des Vorstands somit bereits vor und während der Beschlussfassung wahr, während der Aufsichtsrat dies in der Regel erst danach tut (Binding/Pißler 2016, S. 99).

Mögliche (Ziel)-Konflikte zwischen dem Aufsichtsrat und den unabhängigen Vorstandsmitgliedern in der Wahrnehmung der Überwachungsaufgaben sind somit nicht unwahrscheinlich. So merkt auch Blaurock folgerichtig an:

"Die Institution der „unabhängigen Vorstandsmitglieder", die sich an den Erfordernissen des US-amerikanischen Sarbanes-Oxley-Act orientiert, kann ihre Berechtigung haben in einem monistischen System. In einem dualistischen System mit getrenntem Vorstands- und Aufsichtsrat führt es allerdings zu Problemen" (Blaurock 2009, S. 3).

Weiterhin besagt der Auszug aus § 91 Nr. 5 des CGK, dass börsennotierte Aktiengesellschaften in China die Pflicht haben den gegenwärtigen Zustand der Corporate Governance der Gesellschaft darzustellen. Mögliche Diskrepanzen zu den Anforderungen des CGK und weiterer Gründe für ein Abweichen von diesen Anforderungen müssen ebenso dargelegt werden wie weitere konkrete Vorhaben und Maßnahmen zur Verbesserung der Corporate Governance (Bindung/Pißler 2016, S. 92). Folgender Auszug aus dem CGK § 91 bezieht sich auf die Veröffentlichung von Daten zur Corporate Governance:

"Börsenzugelassene Gesellschaften müssen gemäß den Gesetzen, Rechtsnormen und anderen einschlägigen Bestimmungen Daten im Zusammenhang mit der Corporate Governance der Gesellschaft offen legen <34>, einschließlich Folgendem, aber nicht beschränkt darauf: (1) Personal und Zusammensetzung von Vorstand und Aufsichtsrat; (2) der Arbeit und Bewertung von Vorstand und Aufsichtsrat; (3) der Umstände der Tätigkeit und Bewertung der unabhängigen Vorstandsmitglieder einschließlich der Umstände der Teilnahme an Vorstandssitzungen unabhängiger Vorstandsmitglieder, der Umstände der Äußerungen unabhängiger Meinungen und Meinungen zu Gegenständen wie verbundenem Handel, Bestellung und Abberufung von Vorstandsmitgliedern und hochrangigen Managern; (4) der Zusammensetzung und Umstände der Arbeit der Fachausschüsse; (5) der praktischen Verhältnisse der Corporate Governance, der Existenz von Abweichungen von diesem Standard und der Gründe hierfür; (6) konkreter Pläne und Maßnahmen zur Verbesserung der Corporate Governance" (Pißler 2002, o.S.).

Auch und vor allem im Bezug auf die Publizität von Informationen über die Aktienstruktur besagt § 92, dass die Gesellschaft detaillierte Informationen zu den beherrschenden Aktionären preisgeben sollte. Diese Veröffentlichungspflicht sollte demnach für alle relevanten Informationen beachtet werden, sei es, dass die beherrschenden Aktionäre ihre Beteiligung minimieren, aufstocken oder den Aktienanteil verpfänden, als auch beim Wechsel der Leitung der Gesellschaft (Binding/Pißler 2016, S. 95).

8. Interne und externe Corporate Governance-Mechanismen in der VR China

Die internen Corporate Governance-Mechanismen in der VR China werden im folgenden Kapitel in die Managerentlohnung und die Aufsichtsgremien unterteilt. Während die Managerentlohnung und die Überwachung der Vergütung des Managements besonders seit dem Ausbruch der Finanzkrise zu einem immer bedeutenderen Corporate Governance-Mechanismus avanciert ist, kann die Disziplinierung des Managements auch durch den Aufsichtsratsmechanismus bzw. das Board erzielt werden, indem der Aufsichtsrat den Vorstand kontrolliert. Die CG-Mechanismen externer Art betreffen hier den Kapitalmarkt und den Arbeitsmarkt für Manager. Der Kapitalmarkt, als externer Corporate Governance-Mechanimus bereits in Kapitel 4.2 beschrieben, soll die konfliktbehaftete Prinzipal-Agenten-Beziehung harmonisieren und die Mitspracherechte der (Klein-) Aktionäre stärken. Die Trennung von Eigentum und Verfügungsgewalt in den Unternehmen steht somit weiterhin im Fokus der Betrachtung. Der Arbeitsmarkt für Manager in der VR China sei abschliessend komprimiert dargestellt.

8.1 Interne Corporate Governance-Mechanismen

Die internen Corporate Governance-Mechanismen sind hier in Anlehnung an Kapitel 4.1 dargestellt. Der Fokus liegt demnach auf der Beschreibung und der Analyse der Managerentlohnung und der Aufsichtsgremien in der Volksrepublik China. Die Anreizwirkung dieser Mechanismen stellt dabei das entscheidende Charakteristikum dar.

8.1.1 Managerentlohnung

Explizit regelt § 47 Nr. 9 KgsG die Festsetzung der Managervergütung durch den Vorstand. Die Vorstandsvergütung obliegt nach § 38 Nr. 2 KgsG der Entscheidung der Hauptversammlung. Als problematisch zu bewerten ist hier die Tatsache, dass das KgsG die Managervergütung nur relativ ungenau regelt, so dass nicht genau geklärt ist, nach welchen Maßstäben die Vergütung bestimmt wird und ob beispielsweise eine Vergütungsbegrenzung besteht (Ding 2011, S. 223). Wer letztlich die Vergütung eines installierten Vorstandsmitglieds bestimmt, wird nach dem KgsG ebenso nicht eindeutig geregelt. Die Bestandteile der Managervergütung werden momentan in der Regel aus einem Festgehalt und einer variablen Vergütung zusammengesetzt. Variable Vergütungskomponenten bestehen in der Regel aus kurzfristig orientierten Bonuszahlungen oder Vergütungen langfristiger Anreizwirkung. Die aktienbezogene Vergütung stellt dabei in der Praxis die hauptsächliche langfristig bezogene Vergütungsart in chinesischen börsennotierten Unternehmen dar (Ding 2011, S. 224):

"Am 31.12.2005 wurde die Methode zur Verwaltung der aktienbezogenen Verhaltensanreize der börsennotierten Gesellschaften (probeweise Fassung) (Aktienanreizmethode) (上市公司股权激励管理办法 (试行)) von der CSRC verabschiedet, deren Ziel die Normierung der aktienbezogenen Vergütung der börsennotierten Gesellschaften darstellt. In der Aktienanreizmethode sind zwei Arten von aktienbezogenen Vergütungen, nämlich Aktienoptionen und Aktien mit bestimmten Halteperioden, vorgesehen. Für die aktienbezogene Vergütung hat die Aktienanreizmethode strengere Verfahren und größere Transparenz gefordert. Aktienbezogene Vergütungspläne sollen von Vergütungs- und Prüfungsausschüssen entworfen werden (§ 28 S. 1 Aktienanreizmethode) und danach vom Vorstand angenommen werden (§ 28 S. 2 Aktienanreizmethode). Dabei sollen unabhängige Vorstandsmitglieder ihre Meinungen darüber äußern (§ 29 Aktienanreizmethode). Im Unterschied zum § 47 Nr. 9 KgsG, nach dem die Managervergütung vom Vorstand festgesetzt wird, müssen alle aktienbezogenen Vergütungspläne noch von der Hauptversammlung gebilligt werden (§ 34 S. 1 Aktienanreizmethode). Vor Einberufung der Hauptversammlung müssen aktienbezogene Vergütungspläne der CSRC eingereicht werden (§ 33 AktienanreizeMethode). Nur wenn die CSRC keine Enwände erhebt, können sie auf der Hauptversammlung diskutiert werden (§ 34 Aktienanreizmethode)" (Ding 2011, S. 225).

Abschliessend ist zu schlussfolgern, dass der Managervergütung als Überwachungsmechanismus von Aktiengesellschaften in China erst seit einigen wenigen Jahren Beachtung geschenkt wird und sich damit erst noch in der Praxis beweisen muss. Die Managervergütung wird vom Vorstand festgelegt und kann zeitlich in kurzfristig und langfristig orientierte Anreizwirkung unterteilt werden. Die langfristig orientierte Vergütungsmethode mit Aktienanreiz stellt dabei eine in China relativ neue Vergütungsart dar. Die Managervergütung wird mithilfe von drei Mechanismen überwacht: Begrenzung der Vergütungshöhe, die Offenlegung der Vergütungshöhe und die Überwachung durch die Aktionäre (Ding 2011, S. 238-239). Es kann davon ausgegangen werden, dass das Forschungsfeld der Anreizsysteme als interner Corporate Governance-Mechanismus besonders in der VR China auch weiterhin kontrovers diskutiert werden wird. Mit neuen Erkenntnissen ist daher zu rechnen.

8.1.2 Aufsichtsgremien

Ein Großteil der Wirtschaftskriminalität in China wird gerade der ungenügenden Aufsichtspflicht der Aufsichtsgremien zugeschrieben:

> *"Die erhebliche Wirtschaftskriminalität, ausgehend von Betriebsdirektoren oder Managern der chinesischen Gesellschaften, deutet darauf hin, dass viele Unternehmen in der Tat von den "**Insidern**" beherrscht werden. Zur Beseitigung der Abhängigkeit der internen Überwachung von dem Bewusstsein und der persönlichen Autorität der Aufsichtsführenden im Rahmen von traditionellem Volkseigentum hat das GesG 1993 auf eine monistische Verfassung (das sog. "**Verantwortungssystem des Betriebsdirektors**") verzichtet und die moderne Unternehmensführungsstruktur aus Hauptversammlung, Vorstand, Aufsichtsrat (klare Arbeitsteilung und "checks and balances" zwischen den Organen) geschaffen" (Yang 2014, S. 47-48).*

Der Aufsichtsrat spielt im Zusammenhang mit der Überwachung des Vorstands und damit auch der Kontrolle dieses in China nur eine untergeordnete Rolle, weswegen befürchtet werden muss, dass die Interessen der Minderheitsaktionäre nicht gewahrt werden können. Folgende Indizien deuten auf die Mängel des chinesischen Aufsichtsratssystems hin:

1. Die Zusammensetzung und die Qualifikation der Aufsichtsratsmitglieder

Die Merhzahl der Aufsichtsratsmitglieder entstammen aus Partei- und Regierungsorganisationen und nicht aus dem Unternehmen selbst, wie z.B die Arbeitnehmervertreter. Die fachlichen Kenntnisse der Aufsichtsratsmitglieder, die für eine qualitative Amtsführung benötigt werden, sind bis dato in den meisten Fällen nicht erbracht worden. Dies führt dazu, dass der Aufsichtsrat die Überwachung und Überprüfung des Vorstands und weiterer Top-Manager vermutlich nur ungenügend ausüben kann (Yang 2014, S. 49).

2. Vergütung und Anreizmechanismen der Aufsichtsratsmitglieder

Die Vergütung der Aufsichtsratsmitglieder erfolgt in den chinesischen börsennotierten Unternehmen in der Regel durch den Vorschlag des Vorstands bei der Hauptversammlung. Demnach nehmen die Vorstandsmitglieder rechtswidrig Einfluss auf die Vergütung der Aufsichtsratsmitglieder. Des Weiteren beurteilt Yang auch die Unabhängigkeit des Aufsichtsrats als ungenügend, indem er behauptet:

> *"Die Unabhängigkeit des Aufsichtsrats wird auch dadurch beeinträchtigt, dass die finanzielle Lebensader des Aufsichtsorgans (Aufsichtsrat) vom Beaufsichtigten selbst in die Hand genommen wird. Außerdem ist die niedrigste, höchste und somit auch die durchschnittliche Zahl des Anteilsbesitzes der Aufsichtsratsmitglieder vernichtend gering. Der mangelhafte Anreizmechanismus führt zur Abschwächung der Aktivität des Aufsichtsratsmitglieds bei der Amtsführung" (Yang 2014, S. 50).*

Weitere Ursachen der unzureichenden Funktionseignung des Aufsichtsrats scheinen in der (inter-personalen) Kultur Chinas verankert zu sein. Die Mehrzahl der Menschen in China gehen davon aus, dass der Aufsichtsrat in der Rangfolge aller Überwachungsorgane der börsennotierten Unternehmen (z.B. Hauptversammlung, Vorstand, Regierung) die schwächste darstellt. Ursache dieser Bedenken ist die Tatsache, dass sich die Wahrung der allgemeinen Ordnung seit langer Zeit auf die Autorität der Verwaltungsbehörden stützt (Yang 2014, S. 51). Die Politik räumt keine Sonderorganisationen ein, die als Kontrollinstrument der Verwaltungsorgane agiert, während aus dem betriebswirtschaftlichen Blickwinkel die Hauptversammlung als Auffangbecken der Großaktionäre fungiert. Yang behauptet:

> "Der Vorstand ist der Vertreter der Großaktionäre, während der Aufsichtsrat der

„Schutzschirm" der Großaktionäre ist" (Yang 2014, S. 51).

Erschwerend kommt hinzu, dass der Gesetzgeber im Jahre 2001 eine "Anleitung" für die Errichtung einer Organisation unabhängiger Vorstandsmitglieder in börsennotierten Aktiengesellschaften in Kraft gesetzt hat. Die unabhängigen Vorstandsmitglieder wurden vor dem Hintergrund der zwingenden Errichtung weiterer Überwachungsmechanismen in den Unternehmen installiert und sollten fortan für die Kontrolle der Geschäftsführung eintreten. Der Prozess der Überwachung erfuhr dadurch Kompetenzüberschneidungen, weil sowohl der Aufsichtsrat als auch die unabhängigen Vorstandsmitglieder für die Kontrollmaßnahmen des Managements zuständig waren (Audit Committee Institute 2014, S. 5).

Wang fasst zusammen, dass sowohl vom Aufsichtsrat als auch von den unabhängigen Vorstandsmitgliedern nicht die von weiteren Stakeholdern erhoffte Signalwirkung einer zufriedenstellenden Kontrolle des Managements ausgeht:

> "The roles of the SBs are overlapped with the roles of the INEDs, whereby both are called "flower vases" in the governance regime due to their dependence on the largest shareholders" (Wang 2006, S. 168).

8.2 Externe Corporate Governance-Mechanismen

Die externen Corporate Governance-Mechanismen stellen das Gegenstück der internen Mechanismen in der VR China dar. Hier soll untersucht werden, inwiefern der Kapitalmarkt und der Arbeitsmarkt für Manager Anreize einer positiven Entwicklung der Corporate Governance in China in Gang setzen können.

8.2.1 Kapitalmarkt

Chinas Schritt in die Börsenwelt erfolgte erst im Jahre 1990 mit der Eröffnung der beiden Börsenplätze in Shenzhen und Shanghai. Seitdem hat sich der chinesische Kapitalmarkt zu einem der wichtigsten Finanzierungskanäle für chinesische Unternehmen entwickelt. Die Zahl der börsennotierten Unternehmen ist von 53 im Jahr 1992 auf 2827 im Jahr 2015 (Schaubild) gestiegen, allein zum Vorjahr 2014 entspricht dies einer Steigerung von 8,19% und zeigt das Wachstum der

Börsenlistungen in der VR China (Liu 2016, S. 104).

Table I: Securities Market Statistics in Dec2015

	2014	Dec2015	Compared with the end of 2014 (%)
Number of Domestic listed companies (A shares and B shares)	2613	2827	8.19%
Number of Domestic listed foreign investment shares (B shares)	104	101	-2.88%
Number of Overseas listed companies (H shares)	205	231	12.68%
Total issued shares (Unit: 100 million)	43610.13	49997.26	14.65%
Thereinto: negotiable shares (Unit: 100 million)	39104.28	44026.44	12.59%
Total market capitalization (Unit: RMB100 million)	372546.96	531304.20	42.61%
Thereinto : negotiable market capitalization (Unit: RMB100 million)	315624.31	417925.40	32.41%
Turnover (Unit: RMB100 million)	743912.98	182388.19	-
Average daily turnover (Unit: RMB100 million)	3036.38	7929.92	-
SSE Composite Index (Close)	3234.68	3539.18	9.41%
SZSE Composite index (Close)	1415.19	2308.91	63.15%
Valid stock accounts (Unit: 10 thousand)	14214.68	21477.57	51.09%
Average P/E Ratio (Static)			
Shanghai	15.99	17.63	10.26%
Shenzhen	34.05	52.75	54.92%
Number of securities investment funds	1897	2724	43.60%
Turnover of securities investment funds listed on exchanges (Unit: RMB100 million)	19904.62	2315.49	-

Abb. 16: Statistik: Der Wertpapiermarkt in der VR China (Dezember 2015) (Securities Market Statistics in Dec2015.) (China Securities Regulatory Commission o.J., o.S.).

In den USA und in Großbritannien, wo die Kapitalmärkte fortschrittlicher entwickelt sind, werden die entsprechenden Corporate-Governance-Mechanismen in der Regel um die verfügbaren Marktmechanismen herum konzipiert. Dadurch hat sich das so genannte "marktorientierte Modell" der Corporate Governance entwickelt. Dieses System zeichnet sich durch folgende Charakteristika aus (Liu 2016, S. 108):

"The market model has several unique features: (1) ownership is dispersed; (2) financial disclosures are relatively more frequent and generally more accurate; (3) the boards are dominated by independent board members, which ensures their objectivity; (4) there is an active takeover and PE/VC (private equity/venture capital) market, imposing external monitoring on corporate executives; (5) the investors are largely institutional investors, who can better monitor executives and defend shareholder rights; and finally (6) the law protecting shareholders, especially minority shareholders, is well enforced" (Liu 2016, S. 108).

In der VR China ist der Kapitalmarkt durch die rasante Entwicklung seit den 1990er Jahren noch nicht so weit entwickelt, dass die oben beschriebenen CG-Mechanismen des marktorientierten Modells auch in China Entfaltung finden können. Die Ausgestaltung des Kapitalmarktes in der VR China basiert entgegengesetzt auf einem Kontroll- und Regulierungsansatz des Staates. Kennzeichnend dafür ist, dass die Regierung einen auf Verwaltung ausgelegten Governance-Ansatz zur Entwicklung der Börse verabschiedet hat und damit die Kontrolle über die Börse durch die Regierung vorantreibt. Diese Ausgestaltung macht sich in vielen Bereichen des Marktes bemerkbar. Daraus resultiert das in der VR China herausstechende "Kontrollmodell" der Corporate Governance (Liu 2016, S. 109). Die nachstehenden einzigartigen Merkmale börsennotierter Unternehmen in China sind demnach folgende:

1. Der Aktienbesitz börsennotierter Unternehmen ist höchst konzentriert

2. Der Großteil des Aktienbesitzes liegt dementsprechend bei dominanten Großaktionären

3. Die Offenlegung von Finanzdaten ist intransparent

4. Die unabhängigen Vorstandsmitglieder sind oftmals inaktiv

5. Der Markt für Unternehmenskontrolle ist nicht vorhanden

6. Der Schutz der Minderheitsgesellschafter ist schwach ausgeprägt

Diese Fakten erklären die grundlegende Problematik der Corporate Governance in China: Mächtige Großaktionäre, die dem Staat unterstellt sind, beherrschen mit ihrem Anteilsbesitz die Kleinaktionäre:

"The ownership of the Chinese listed firms is heavily concentrated, mostly in the hands of the state. As of 2010, the state still controlled over 60 percent of the listed companies, and more than 95 percent of the Chinese listed firms have one ultimate controlling shareholder" (Liu 2016, S. 106).

Die Frage, die im Bezug auf die Staatseingriffe in die Wirtschaft immer wieder gestellt wird, ist die der Definition was "der Staat" überhaupt darstellt:

"Ein sehr oft diskutiertes Problem stellt das Fehlen eines wirklichen Eigentümers von Staatsanteilen dar, weil der eigentliche Eigentümer des Staatseigentums das Volk ist. „Das Volk" ist jedoch ein sehr vager und allgemeiner Begriff. Deshalb ist es notwendig, dass die Eigentumsrechte des Volkes auf geregelte Art wahrgenommen werden. In der Folge vertreten der Staat und seine Beauftragten – die Regierung, die Eigentumsrechte des Volkes an den Staatsanteilen. Der Staat bzw. die Regierung werden wiederum durch natürliche Personen repräsentiert" (Ding 2011, S. 54).

Der Aktienbesitz börsennotierter Unternehmen konzentriert sich stark in den Händen des Staates, weil der Staat mithilfe von Eigenkapital eine Kontrollübernahme der börsennotierten Unternehmen erlangen möchte. Die Eigentumsverhältnisse beeinflussen in direkter Weise die Wachstumsstrategien und das operative Geschäft der börsennotierten Unternehmen. Damit dominiert der Staatsvertreter, da die staatlichen oder staatlich verbundenen juristischen Personen in der Regel die grössten Aktionäre der börsennotierten Gesellschaften sind. Die Unabhängigkeit der Boards ist damit mit erhöhter Wahrscheinlichkeit nicht gegeben (Liu 2016, S. 115). Nach der "one-share-one-vote-rule" und des Prinzips der simplen Erlangung von Abstimmungsmehrheiten haben die Großaktionäre staatseigener Wertpapiere der börsennotierten Gesellschaften übermächtigen Einfluss auf die Entscheidungen des Unternehmens und der Wahl von Vorstandsmitgliedern (Yang 2014, S. 36). Eine disziplinierende Wirkung des Kapitalmarktes auf das Management börsennotierter Unternehmen ist hier nicht zu erkennen, weil das Management selbst in der Regel als Parteimitglied für den Staat arbeitet und angestellt ist. Des Weiteren scheint sich das kontrollbasierte CG-Modell in China auch direkt auf die Markttransparenz und die Informationen über die die Aktienkurse auszuwirken. Unter dem Einfluss des Kontrollmodells sind die Chancen höher, dass die Großaktionäre und Manager die Minderheitsgesellschafter entkräften und auch die wahre Leitstungsfähigkeit des Unternehmens zu verschleiern versuchen werden (Liu 2016, S. 111):

"Not surprisingly, the concentrated ownership structure and the absence of effective external monitoring mechanisms, which are still the key features of China's control-based corporate governance model, have made earnings management or even falsifying financial reports easier and less costly by listed companies" (Liu 2016, S. 111).

Ein weiteres Merkmal des chinesischen Kapitalmarktes betrifft die Tatsache, dass ca. zwei Drittel der Aktien börsennotierter Gesellschaften nicht über die Börsen handelbar sind. Daraus kann die Schlussfolgerung gezogen werden, dass eine der wichtigsten Komponenten des Kapitalmarktes als externer Corporate Governance-Mechanismus entfällt: Die Unternehmensübernahme (Pißler 2002, o.S.).

8.2.2 Arbeitsmarkt für Manager

Abschliessend sei noch der Arbeitsmarkt für Manager als weiterer externer Corporate Govern-ance-Machanismus kurz zu umreißen. Der Arbeitsmarkt für Manager kennzeichnet hier die Mög-lichkeit der Verdrängung von Managern durch aufstrebende Nachwuchskräfte innerhalb des Un-ternehmens. Des Weiteren besteht im Rahmen des Wettbewerbsdrucks durch fremde Manager die Annahme, dass das angestellte Management durch ein neues und effiizienteres ersetzt werden könnte (Welge/Eulerich 2014, S. 73).

Der Arbeitsmarkt für Manager ist als Corporate Governance-Mechanismus in China noch nicht vollständig etabliert und erforscht worden. Die Tatsache, dass der Einfluss des Staates in den Un-ternehmen bisweilen sehr hoch ist, birgt folgende Probleme für den Arbeitsmarkt der Manager: Die Bestellung und Abberufung des Managements erfolgt bis dato weniger marktorientiert mittels öffentlicher Stellenangebote, sondern wird meist durch die vorgesetzten Zuständigkeitsbereiche des Unternehmens vollzogen. Diese nicht marktorientierte Selektion von Fachkräften des oberen Managements veranlasst die Gesellschaft anstelle der Bestellungspraxis der Manager die Mana-gervergütung vermehrt kritisch zu hinterfragen (Ding 2011, S. 222-223). An dieser Stelle sei zu konstatieren, dass der Arbeitsmarkt für Manager noch nicht die erhoffte Signalwirkung als

CG-Mechanismus aufweist. Diese Entwicklung bedarf weiterer eingehender Untersuchungen in der Zukunft, wobei mit interessanten positiven Entwicklungen zu rechnen sei.

9. Mögliche Konturen des chinesischen Corporate Governance-Systems im Schatten von Konvergenz und Divergenz

Corporate Governance-Systeme im Detail zu beschreiben und zu verstehen ist kaum möglich. Noch weniger ist es möglich, ein für jedes Land der Welt einheitlich Erfolg versprechendes CG-System zu entwickeln:

> *"Ein Universalmodell für eine gute Corporate Governance-Praxis gibt es nicht ("no one-size-fits-all")" (Geiersbach 2011, S. 88).*

Corporate Governance-Systeme beruhen auf komplexen und sich gegenseitig beeinflussenden Faktoren und können als offene Gebilde bezeichnet werden (Geiersbach 2011, S. 88):

> *"Vielmehr ist es das Zusammenspiel von mehreren systembildenden, interdependenten und komplementären Faktoren, die als Erklärungsansatz herangezogen werden müssen, von denen aber keiner als überlegen betrachtet werden kann" (Geiersbach 2011, S. 88).*

Real bestehende CG-Systeme sind somit weder neutral noch vorgeschoben, sondern beruhen auf sich beständig weiterentwickelnden Leitgedanken politischer, rechtlicher, ökonomischer und sozialer Normen entsprechenden Rahmenbedingungen (Geiersbach 2011, S. 89). Die Frage nach der zukünftigen Entwicklung von CG-Modellen kann anhand des Konvergenz- und Divergenzmodells nachgezeichnet werden, wobei vor allem die Historie und die Kultur eines Landes sich auf die Entwicklung des Systems auswirken. Das Corporate Governance-Modell der VR China zeigt dies deutlich auf.

9.1 Konvergenz der Corporate Governance-Systeme

Die These der Konvergenz (Annäherung) von Corporate Governance-Systemen ist aus der Diskussion des Systemwettbewerbs der globalen Corporate Governance-Entwicklung nicht mehr wegzudenken. Witt definiert die Konvergenz-These der CG-Systeme wie folgt:

"Eine Konvergenz der Corporate Governance-Systeme bezeichnet eine Entwicklung, bei der sich vorteilhafte Teile bzw. Elemente nationaler Governance-Systeme im Wettbewerb mit jeweils anderen Teilsystemen durchsetzen" (Witt 2003, S. 141).

Der Hintergrund dieser Auffassung ist dabei, dass jedes CG-System Stärken und vorteilhafte Eigenschaften besitzt. Diese vorteilhaften Eigenschaften der einzelnen CG-Systeme werden sich nach der Konvergenz-These gegen die unwirksamen durchsetzen und damit einen Prozess der Annäherung der Gesamtsysteme bewirken (Witt 2003, S. 141). Witt fügt dementsprechend an:

"In dieser Arbeit soll von einer Konvergenz der Corporate Governance-Systeme verschiedener Länder gesprochen werden, wenn der Systemwettbewerb dazu führt, dass sich Elemente aus verschiedenen Systemen zu einem neuen Ganzen vermischen" (Witt 2003, S. 141).

Der Prozess der Konvergenz kann auf zwei verschiedenartigen Wegen erfolgen:

1) Durch die Angleichung nationaler Gesetzgebung

2) In Form einer gleichen Ausübung von Gestaltungsspielräumen durch die Unternehmen

Zu 1)

Die Konvergenz durch die Angleichung nationaler Gesetzgebung beruht auf der Erkenntnis, dass gewisse Charakteristika der Corporate Governance für sämtliche Stakeholder erstrebenswert sind. Zu diesen positiven Elementen gehören beispielsweise die Unabhängigkeit der Kontrollgremien, die Informationseffizienz auf den Kapitalmärkten und die Befolgung von Haftungsregelungen gegenüber opportunistisch agierenden Managern (Witt 2003, S. 141-142). Als ein Beispiel der Konvergenz durch die Angleichung der nationalen Gesetzgebung können nach Witt institutionelle Investoren genannt werden, die in jedem Corporate Governance-System die Eigen- und Fremdkapitalgeber vor Verlustgeschäften durch die Manager bewahren. Nach dieser These müssten sich Gesetzesänderungen im Verlauf des Wettbewerbs der Systeme trotz differenter Entwicklungspfade dahingehend entwickeln, dass Großaktionäre verstärkt in den verschiedenen

Staaten aktiv werden (Witt 2003, S. 142). Andererseits muss konstatiert werden, dass dieser Mechanismus nicht in sämtlichen Staaten zur Anwendung gebracht werden kann:

"Bisher hat sich nicht in allen Ländern eine wirksame Unternehmenskontrolle durch große institutionelle Investoren gebildet oder bilden können. In den USA verhinderte beispielsweise lange Zeit die Gesetzgebung die Einflussnahme von Großaktionären auf Industrieunternehmen und beschränkte insbesondere den Einfluss der Banken" (Witt 2003, S. 142).

Zu 2)

Die Konvergenz durch die gleiche Ausübung von Gestaltungsspielräumen bezieht sich auf die Möglichkeit der Herausbildung ähnlicher CG-Strukturen, trotz differenter gesetzlicher Normen in den verschiedenen Ländern. Hintergrund ist, dass die Unternehmen anreizgeleitet versuchen werden, theoretisch gewinnbringende CG-Strukturen auf freiwilliger Basis zu verankern. Voraussetzung dafür ist jedoch, dass die nationalen Gesetze Raum für Ausgestaltungen zulassen (Witt 2003, S. 144). Als Beispiel kann hier die Arbeit im Kontrollgremium gesehen werden:

"Die Gesetze legen in den meisten Ländern nur gewisse Mindeststandards und Rahmenbedingungen fest und überlassen die weitere inhaltliche Ausgestaltung weitgehend den Unternehmen. In vielen Ländern werden typische Defizite wie zu große Boards bzw. Aufsichtsräte, zu wenige Sitzungen im Jahr und zu wenig Unabhängigkeit der Mitglieder des Kontrollgremiums vom Management kritisiert. Zum Teil werden diese Defizite durch den Systemwettbewerb von den Unternehmen freiwillig und in dieselbe Richtung behoben" (Witt 2003, S. 144).

Des Weiteren sind auch in anderen Bereichen der CG Konvergenzen durch unternehmerische Wahlrechte wahrnehmbar. Hier seien die Publizitätsvorschriften hervorzuheben, die die eine Berichterstattung der börsennotierten Unternehmen an den Kapitalmarkt kennzeichnen und an Häufigkeit zugenommen haben. Beispielsweise kann hier die Pflicht deutscher börsennotierter Unternehmen zum Jahresabschluss nach HGB als auch IFRS genannt werden.

Weiterhin nehmen in vielen Staaten mit angewandten CG-Systemen die feindlichen Übernahmen zu, die bisher ungewöhnlich (z.B. in Deutschland) oder aus kulturellen Gründen nicht darstellbar waren (Witt 2003, S. 145).

Abschliessend sei nach Witt zu beurteilen, dass die These der Konvergenz globaler CG-Strukturen zwar durchaus erstrebenswert aber unrealistisch sei:

"Sie erweckt den Eindruck, als würden sich jeweils einzelne, substitutionale Teile der Corporate Governance aus verschiedenen Ländern im Wettbewerb durchsetzen und so irgendwann das Gesamtoptimum ergeben. Das Ergebnis wäre so etwas wie eine international und kulturell gemischte "Welt-Governance" (Witt 2003, S. 145).

9.2 Divergenz der Corporate Governance-Systeme

Die These der Divergenz (Auseinandergehen) der Corporate Governance-Systeme stellt das Gegenteil der Konvergenz-These dar. Der Grundgedanke dieser These basiert auf der Meinung, dass institutionelle Ausgestaltungen von verschiedenen Nationen als Wettbewerbsvorteil gelten. Dies hat zur Folge, dass die Systeme sich nicht einander angleichen werden und damit die standortspezifischen Vorteile der jeweiligen Nation weiterhin Anwendung finden (Geiersbach 2011, S. 91). Darüberhinaus sei anzumerken, dass hier das Konzept der Pfadabhängigkeit an Wichtigkeit gewinnt:

"Da die Entwicklung von Institutionen wegen des sog. Lock-in-Effektes zeitpfadabhängig ist und somit eine institutionelle Änderung umso kostenintensiver ist, je länger diese Institutionen Bestand haben, kann ein Festhalten an einem suboptimalen System rational sein. Vom Pfad wird erst abgewichen bzw. es erfolgt erst dann eine Substitution durch ein effizienteres System, wenn die erforderlichen Anpassungskosten an eine neue institutionelle Ausgestaltung die Nachteile der Beibehaltung des suboptimalen Systems, also deren Effizienzverluste, übersteigen" (Geiersbach 2011, S. 91).

9.3 Die kritische Würdigung der Corporate Governance-Struktur in China

Die Nachzeichnung des chinesischen Corporate Governance-Systems zeigt deutlich auf, dass dieses sich einerseits als formalisiert starr, wirtschaftspolitisch und pfadabhängig zeigt, aber andererseits kulturell verankert die Periode der Transformation leichter zu bewältigen scheint. Dieser

Prozess tangiert weite Teile der Wirtschaft und Gesellschaft und wird diese auch in der Zukunft beeinflussen. Die wirtschaftliche Bedeutung Chinas in der Weltwirtschaft hat es nötig gemacht, auf das Thema der Corporate Governance aufmerksam zu machen und sich auch internationalen Corporate Governance-Regelungen zu öffnen. Die Struktur der chinesischen Aktiengesellschaft ist, wie bereits erläutert, nach dem dualistischen System aufgebaut und sieht eine zwingende Existenz von drei Organen vor: Hauptversammlung, Vorstand und Aufsichtsrat. Auffallend dabei ist, dass diese Aufbaustruktur durch die Integration von vorgeschriebenen unabhängigen Vorstandsmitgliedern ein gemischtes und gar hybrides Corporate Governance-Modell erscheinen lässt, das sich zwischen dem monistischen und dualistischen Modell bewegt und im Schaubild deutlich wird:

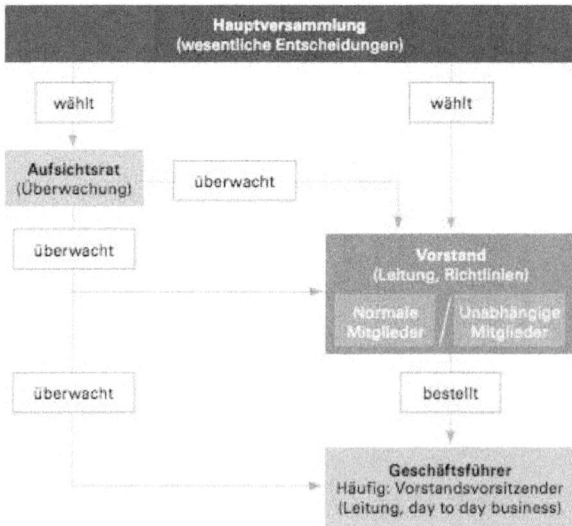

Abb. 17: Das "gemischte" Corporate Governance-Modell der VR China
(Basch/Wang 2015, S. 28)

Diese hybride Organisationsform des Corporate Governance-Systems der VR China lässt erkennen, dass strikte und festverankerte Strukturen im System teilweise aufgebrochen worden sind und damit konvergierende Tendenzen in Erscheinung treten. Diese Konvergenz-Tendenzen bewegen sich somit von dem formal festgeschriebenen dualistischen System in der VR China hin zu einer monistisch geprägten Ordnung wie z.B in den USA. Gleichwohl lässt sich aus diesen Tendenzen keine Verallgemeinerung der Systementwicklung schliessen, weil besonders in China kulturbezogene Faktoren eine sehr starke Relation zur Entwicklung von Mensch und Organisation aufweisen.

10. Fazit

Die Entwicklungsgeschichte des Begriffs der "Corporate Governance" in reifen industriegeprägten Ländern Europas hat ca. 200 Jahre Erfahrung kumuliert. Die geschichtlich bedingte Zeitschiene hat gut ablesbar sowohl politische als auch dogmengeschichtliche Einflussmaßnahmen auf die Definitionen der Corporate Governance hinterlassen. Eine der wichtigsten Entwicklungen in diesem Prozess war sicherlich die Zielvorstellung der Überwindung der Informationsassymetrie.

Die Rolle eines Kapitalgebers ist heute in vielen Strukturen different, weil gegenüber früher neben Eigenkapitalgebern auch weitere Anspruchsgruppen in Form von Arbeitnehmern, Umweltverbänden und staatlichen Interessen existieren. Es ist heute für international agierende Industrieunternehmen schwerer geworden sein Corporate Governance-Regelwerk in voller Transparenz und Nachbarschaft von starkem Wettbewerb und Beobachtung von Arbeitnehmern und Politik formal aufrechtzuerhalten.

Die Volksrepublik China befindet sich in einem Aufholprozess um auf die gleiche ordnungspolitische Grundordnung des europäischen bzw. der US-amerikanischen Wirtschaftsstruktur zu gelangen.

Der politische und kulturelle Prozess ist in Bewegung und prägt durch divergierende Corporate Governance-Ansätze die Entwicklung von Aktiengesellschaften in China. Hier wird in Zukunft an den internationalen Börsenplätzen die Glaubwürdigkeit der Integrierung eines international gültigen Corporate Governance-Ansatzes getestet.

Als Ausblick darf der Verfasser darauf aufmerksam machen, dass sich sowohl Europa als auch China und die USA schon jetzt in einem weiteren Prozess der postindustriellen Phase befinden.

Diese ist verbunden mit dem Untergang der alten Industriestrukturen und somit auch der klassisch geprägten Anspruchsgruppen.

Auf dem Weg in die postindustrielle Dienstleistungsgesellschaft muss auch der Begriff des Arbeitnehmers als ein in Europa gewünscht informierter Teilnehmer als wichtiger Erfolgsfaktor gesehen werden.

Es wird spannend werden zu sehen, wie differente Ansätze zwischen Europa, den USA und China die Frage zu ordnungspolitischen Grundzügen lösen werden: Zentrale oder dezentrale Steuerung. Es ist anzunehmen, dass vorsichtige Signale aus dem Zentralkommitee hier die Richtung vorgeben werden.

IV. Literaturverzeichnis

Asian Corporate Governance Association (o.J.): About ACGA.

(URL: http://www.acga-asia.org/who-we-are.php [letzter Zugriff: 10.10.2017]).

Asian Corporate Governance Association (2014):

(URL:http://www.acga-asia.org/upload/files/CG%20Watch%202014%20(Cover%20and%20 Overview).pdf[letzter Zugriff: 10.10.2017]).

Audit Committee Institute e.V. (ACI) (2014): Die Welt der Corporate Governance: China.

(URL: https://audit-committee-institute.de/docs/aci_s_china.pdf [letzter Zugriff: 29.10.2017]).

Audretsch, D.B./Weigand, J. (2001): Corporate Governance. In: Jost, P.J. (Hrsg.): Die Spieltheorie in der Betriebswirtschaftslehre. Schäffer-Poeschel, Stuttgart, S. 83-134.

Blies, P. (2000): Corporate Governance im deutsch-japanischen Vergleich. Überwachungsmechanismen des Finanzsystems und interne Organüberwachung von Aktiengesellschaften. Deutscher Universitätsverlag, Wiesbaden.

Bleicher, K. et al. (1989): Unternehmensverfassung und Spitzenorganisation. Führung und Überwachung von Aktiengesellschaften im Internationalen Vergleich. Gabler, Wiesbaden.

Boettcher, E. et al. (1968): Unternehmensverfassung als gesellschaftspolitische Forderung. Duncker & Humblot, Berlin.

Binding, J./Pißler, K.B. (2016): Chinesisches Zivil- und Wirtschaftsrecht. Band 2. Schwerpunkt Wirtschaftsrecht. Deutscher Fachverlag, Frankfurt am Main.

Basch, P./Wang, L. (2015): Die Welt der Corporate Governance: China. In: Audit Committee News/Fachpublikation für Aufsichtsräte, Ausgabe 16, S. 28-29.

Blaurock, U. (2009): Die neue "Corporate Governance" im chinesischen Gesellschaftsrecht. Ein Kommentar aus deutscher Sicht. In: Zeitschrift für chinesisches Recht (ZChinR), 16.Jg., S. 1-6.

Charkham, J./Simpson, A. (1999): Fair shares. The Future of Shareholder Power and Responsibility. Oxford University Press, Oxford.

China Securities Regulatory Commission (o.J.):
(URL: http://www.csrc.gov.cn/pub/csrc_en/about/ [letzter Zugriff: 29.10.2017]).

Dreist, M. (1980): Die Überwachungsfunktion des Aufsichtsrats bei Aktiengesellschaften. Probleme und Reformüberlegungen aus betriebswirtschaftlicher Sicht. Mannhold, Düsseldorf.

Dabringhaus, S. (2009): Geschichte Chinas im 20. Jahrhundert. Beck, München.

Ding, J. (2011): Corporate Governance und Kapitalmarktrecht als Bestandteile des chinesischen Systems der Unternehmensüberwachung. Tobias Lib, Tübingen.

Funk, C. (2008): Gestaltung effizienter interner Kapitalmärkte in Konglomeraten. Peter Lang, Frankfurt am Main.

Fallscheer, D. (2016): Interne Kapitalmärkte und interne Corporate Governance-Mechanismen. Eine empirische Untersuchung zur Wirkung von Anreizsystemen und Leitungsorganisationsformen auf die Kapitalallokationseffizienz diversifizierter deutscher börsennotierter Unternehmen. Peter Lang, Frankfurt.

Finkelstein, S./Hambrick, D.C. (1996): Strategic Leadership. Top Executives and their Effects on Organizations. West Educational Publishing, Minneapolis / St. Paul.

Franke, G. (1993): Agency Theorie. In: Wittmann, W. et al. (Hrsg.): Handwörterbuch der Betriebs-wirtschaft. 4. Auflage, Schäffer-Poeschel, Stuttgart, S. 37-49.

Fama, E. F. (1980): Agency Problems and the Theory of the Firm. In: Journal of Political Economy, 88. Jg., Heft 2, S. 288-307.

Gabler Wirtschaftslexikon (o.J.): Anspruchsgruppen.
(URL:http://wirtschaftslexikon.gabler.de/Archiv/1202/anspruchsgruppen-v6.html[letz ter Zugriff: 10.10.2017]).

Gabler Wirtschaftslexikon (o.J.): Sonderwirtschaftszone
(URL:
http://wirtschaftslexikon.gabler.de/Archiv/9993/sonderwirtschaftszone-v8.html
[letzter Zugriff: 10.10.2017]).

Gerum, E. (2007): Das deutsche Corporate-Governance-System. Eine empirische Untersuchung. Schäffer Poeschel, Stuttgart.

Grothe, P. (2006): Unternehmensüberwachung durch den Aufsichtsrat. Ein Beitrag zur Corpo-rate-Governance-Diskussion in Deutschland. Peter Lang, Frankfurt am Main.

Gollnick, J. (1997): Die Beurteilung der Vorstandsleistung durch den Aufsichtsrat. Eine verglei-chende Untersuchung zum deutschen und US-amerikanischen Recht. Peter Lang, Frankfurt am Main.

Guserl, R./Pernsteiner, H. (2004): Handbuch Finanzmanagement in der Praxis. Gabler, Wiesba-den.

Geiersbach, K. (2011): Der Beitrag der Internen Revision zur Corporate Governance. Gabler, Wiesbaden.

Gerke, W./Mager, W. (2003): Die Rollen von Banken und Finanzintermediären bei der Corporate Governance. In: Hommelhoff, P. et al. (Hrsg.): Handbuch Corporate Governance. Leitung und Überwachung börsennotierter Unternehmen in der Rechts- und Wirtschaftspraxis. Schäffer-Poeschel, Köln/Stuttgart, S. 549-567.

Gugler, K. (2001): Corporate Governance and Performance. The Research Questions. In: Gugler, K. (Hrsg.): Corporate Governance and Economic Performance. Oxford University Press, New York. S. 1-67.

Hausammann, F. (2007): Personal Governance. Als unverzichtbarer Teil der Corporate Governance und Unternehmensführung. Haupt, Bern et al.

Heuser, R. (2006): Grundriss des chinesischen Wirtschaftsrechts. Institut für Asienkunde, Hamburg.

Hart, O. (1995): Corporate Governance: Some Theory and Implications. In: The Economic Journal, 105. Jg., Heft 430, S. 678-689.

info2china (o.J.): Sonderwirtschaftszonen
(URL:http://www.info2china.com/info2chinad/travel/china_landkarten/sonderwirtschaftszonen_in_china_1997.jpg [letzter Zugriff: 10.10.2017]).

Jiang, G. (2011): Das GmbH-Recht in China aus rechtsvergleichender Sicht. Analyse, Kritik und Verbesserungsvorschläge. Peter Lang, Frankfurt am Main.

Jiang, P. (2003): Das neue Gesellschaftsrecht-Lehrbuch. 2. Auflage, Law Press China, Peking.

Jensen, M.C./Meckling, W.H. (1976): Theory of the Firm. Managerial Behavior, Agency Costs and Ownership Structure. In: Journal of Financial Economics, 3. Jg., Heft 4, S. 305-360.

Jensen, M.C. (1986): Agency Costs of Free Cash Flow, Corporate Finance, and Takeovers. In:

The American Economic Review, 76. Jg., Heft 2, S. 323-329.

Kanavelis, T. (1987): Die Funktion des mitbestimmten Aufsichtsrats in der Aktiengesellschaft. Florentz, München.

Kreitmeier, F. (2001): Corporate governance. Aufsichtsgremien und Unternehmensstrategien. Kirsch, Herrsching, München.

Kaiser, C. (2015): Grundsätze angemessener Vorstandsbezüge. Peter Lang, Frankfurt am Main.

Kuntze, P. (2014): Chinas konservative Revolution. Oder die Neuordnung der Welt. Antaios, Steigra.

Lück, W. (1993): Lexikon der Betriebswirtschaft. 3. Auflage, Moderne Industrie, Landsberg am Lech.

Lutter, M. (1995): Das dualistische System der Unternehmensverwaltung. In: Scheffler, E. (Hrsg.): Schriften zur Unternehmensführung. Gabler, Wiesbaden, S. 5-26.

Loitlsberger, E. (1966): Treuhand- und Revisionswesen. 2. Auflage, Poeschel, Stuttgart.

Lattemann, C. (2010): Corporate Governance im globalisierten Informationszeitalter. Oldenbourg Verlag, München.

Lee, F. (2012): Die Rückkehr der Staatswirtschaft. (URL: http://blog.zeit.de/china/2012/07/19/die-ruckkehr-der-staatswirtschaft/ [letzter Zugriff: 02.08.2017]).

Liu, Q. (2016): Corporate China 2.0. The Great Shakeup. Palgrave Macmillan, New York.

Müller, R. (2005): Corporate Governance in der Presse. Themen, Frequenzen und Nachrichtenwerte in Deutschland, der Schweiz und den USA zwischen 1994 und 2003. Difo-Druck GmbH, Bamberg.

Mustaghni, B. (2012): Einfluss von Corporate Governance auf den Erfolg von Unternehmen. Eine Untersuchung börsennotierter Unternehmen in Deutschland. Peter Lang, Frankfurt am Main.

Metten, M. (2010): Corporate Governance. Eine aktienrechtliche und institutionenökonomische Analyse der Leitungsmaxime von Aktiengesellschaften. Gabler, Wiesbaden.

Nagy, R. (2002): Corporate Governance in der Unternehmenspraxis. Akteure, Instrumente und Organisation des Aufsichtsrates. Deutscher Universitätsverlag, Wiesbaden.

Noesselt, N. (2012): Governance-Formen in China. Theorie und Praxis des chinesischen Modells. Springer, Wiesbaden.

Neus, W. (1989): Ökonomische Agency-Theorie und Kapitalmarktgleichgewicht. Gabler, Wiesbaden.

Nowak, E. (1997): On investment performance and corporate governance. Paul Haupt, Bern et al.

OECD (2004): OECD-Grundsätze der Corporate Governance. Neufassung 2004. (URL: http://www.oecd.org/corporate/ca/corporategovernanceprinciples/32159487.pdf [letzter Zugriff: 10.10.2017]).

OECD (2011): Corporate Governance of Listed Companies in China. Self-Assessment by the China Securities Regulatory Commission. (URL: http://dx.doi.org/10.1787/9789264119208-en[letzter Zugriff: 29.10.2017]).

OECD (2015): G20/OECD-Grundsätze der Corporate Governance. (URL: http://dx.doi.org/10.1787/9789264250130-de [letzter Zugriff: 10.10.2017]).

Pfeil, C.M. **(1999):** Capital structure, managerial incentives and corporate governance. Peter Lang, Frankfurt am Main.

Pilny, K. (2005): Das asiatische Jahrhundert. China und Japan auf dem Weg zur neuen Weltmacht. Campus, Frankfurt am Main.

Pißler, K.B. (2002): Chinas Recht 2002.10. Mitteilung zum Erlaß des „Standards der Corporate Governance börsenzugelassener Gesellschaften". (URL: http://www.chinas-recht.de/020107.htm [letzter Zugriff: 29.10.2017]).

Pißler, K. B. (2004): Chinesisches Kapitalmarktrecht. Börsenrecht und Recht der Wertpapiergeschäfte mit Aktien in der Volksrepublik China. Mohr Siebeck, Tübingen.

Pißler, K.B. (2014): Gesellschaftsgesetz der VR China (Revision 2013). In: Zeitschrift für chinesisches Recht (ZChinaR), 21. Jg., S. 254-300.

Qi, D. (2002): Erfahrung, Probleme und Verbesserungsmethode der chinesischen Gesellschaftsgesetzgebung und ihre Durchführung. In: Journal of Zhongnan University of Technology, S. 86-91.

Reinkensmeier, B. (1992): Die Organisation der Geschäftsführung und ihrer Überwachung in der europäischen Aktiengesellschaft. Cuvillier, Göttingen.

Rudolf, J./Tester, E. (2016): China der nächste Horizont. Ein Kompass für Anleger und Unternehmer. Verlag neue Zürcher Zeitung, Zürich.

Rappaport, A. (1999): Shareholder Value. Ein handbuch für Manager und Investoren. 2. Auflage, Schäffer-Poeschel, Stuttgart.

Reinisch, D. C. (2012): CEO-Compensation. Vergütungssysteme zwischen Effizienz und Gerechtigkeit. Lit Verlag, Berlin et al.

Staudinger, H.J. (1986): Die Überwachung der Geschäftsführung, eine betriebswirtschaftliche Betrachtung. Illustriert am Beispiel der Brauindustrie. Florentz, München.

Siems, M. (2005): Die Konvergenz der Rechtssysteme im Recht der Aktionäre. Ein Beitrag zur vergleichenden Corporate Governance in Zeiten der Globalisierung. Mohr Siebeck, Tübingen.

Schauenberg, B. et al. (2005): Institutionenökonomik als Managementlehre? Gabler, Wiesbanden.

Schmidt, S.M. (2001): Corporate Governance in deutschen und amerikanischen Aktiengesellschaften. Eine Untersuchung unter besonderer Berücksichtigung der Bedeutung und der Entstehung der Anteilseignerstrukturen. Peter Lang, Frankfurt am Main, Berlin.

Schmidt-Glintzer, H. (2008): Kleine Geschichte Chinas. Beck, München.

Sun, L. (2010): Vermögensbindung in der GmbH im chinesischen und deutschen Recht. Peter Lang, Frankfurt am Main.

Schauf, T. (2008): Die immanenten Tücken eines Corporate Governance Kodex. In: Pleines, H. (Hrsg.): Corporate Governancen in post-sozialistischen Volkswirtschaften. Soviet and Post-Soviet Politics and Society. Ibidem-Verlag, Stuttgart, S. 29-38.

Shleifer, A./Vishny, R.W. (1997): A Survey of Corporate Governance. In: Journal of Finance, 52. Jg., Ausgabe 2, S. 737-783.

Schweickert, C./Jantz, M. (2012): Corporate Governance in Abhängigkeit von Unternehmensstruktur und Unternehmensgröße – eine betriebswirtschaftlich-juristische Analyse. Studie 1 im Forschungsprojekt „Leitlinien für das Management von Organisations- und

Aufsichtspflichten". Konstanz Institut für Corporate Governance, Konstanz.

Studlib (o.J.): Stewardship-Theorie.

(URL:https://studlib.de/9374/betrieb_management/stewardship-theorie[letzter   Zugriff: 10.10.2017]).

Theisen, M.R. (1987): Die Überwachung der Unternehmensführung. Betriebswirtschaftliche Ansätze zur Entwicklung erster Grundsätze ordnungsmäßiger Überwachung. Poeschel, Stuttgart.

Ten Brink, T. (2013): Chinas Kapitalismus. Entstehung, Verlauf, Paradoxien. Campus, Frankfurt am Main.

Vogelsang, K. (2012): Geschichte Chinas. 2. Auflage, Reclam, Stuttgart.

Wang, L. (2006): Corporate Governance in China. Roles of the State, the Supervisory Board and the Board of Directors in Large Listed Companies. Difo-Druck, Bamberg.

Welge, M.K./Eulerich, M. (2014): Corporate-Governance-Management. Theorie und Praxis der guten Unternehmensführung. 2. Auflage, Springer Gabler, Wiesbaden.

Weßels, D. (2012): Vergütungssysteme als Instrument der Corporate Governance. Vergleich der Vergütungssysteme von Vorständen und Aufsichtsräten in Publikumsgesellschaften und Familienunternehmen des DAX und DAXplus Family. Tectum Verlag, Marburg.

Witt, P. (2003): Corporate Governance-Systeme im Wettbewerb. Deutscher Universitätsverlag, Wiesbaden.

Wysocki, K. von (1988): Grundlagen des betriebswirtschaftlichen Prüfungswesens. 3. Auflage, Vahlen, München.

Yang, D. (2014): Die Auswahl eines Aufsichtsmechanismus für chinesische börsennotierte Aktiengesellschaften vor dem Hintergrund rechtsvergleichender Erfahrungen. Berliner Wissenschaftsverlag, Berlin.